Die Sammlung

In dieser Debüt-Sammlung *Der Rotfuchs rennt:* Gedichte
2011–2016 schildern dem Leser die Höhen und Tiefen der
ersten fünf Jahre eines Millenials in New York City. Die Gedichte
erkunden Themen der Selbstfindung, des Versagens und der
Neuerfindung. Andere spiegeln Themen des aufkommenden
Erwachsenwerdens wieder, wie das Ende der Jugend und die
Suche nach dem Lebenssinn.

Der Rotfuchs symbolisiert das Bestreben, das all diejenigen in
sich tragen, die sich nach Bedeutung in ihrem Leben sehnen.

*Verzeih mir, es war niemals meine Absicht dich
zu enttäuschen.*

DER ROTFUCHS RENNT / Joseph Adam Lee

Gedichte: 2011-2016

Red Fox Runs Press
New York, New York

RED FOX RUNS PRESS
909 3RD AVENUE
#127
NEW YORK, NEW YORK 10150
Vereinigte Staaten von Amerika

Ein Imprint von The Rebel Within

Copyright © 2026 Joseph Adam Lee
Alle Rechte vorbehalten. Gedruckt in den Vereinigten Staaten von Amerika.

Erste Auflage: 2026

Hinweis Des Verlags

Dies ist ein Werk der Fiktion. Namen, Figuren, Orte und Ereignisse sind entweder Produkte der Fantasie des Autors oder werden fiktiv verwendet. Ähnlichkeiten mit realen Personen, lebend oder tot, tatsächlichen Unternehmen, Ereignissen oder Schauplätzen sind rein zufällig.

Der Verlag hat keine Kontrolle über Websites des Autors oder Dritter und übernimmt keine Verantwortung für deren Inhalte.

Danksagungen

Inhaltsredakteur: Sam Hughes
Umschlag- und Layoutdesign: Eleni Rouketa
Übersetzung: Anna Klötzer

Kontaktinformationen

E-Mail: joe@therebelwithin.com
Websites: www.josephadamlee.com
Instagram: @joseph.adam.lee

Katalogisierungsdaten Der Library Of Congress (CIP)

Lee, Joseph Adam. 1986–
Der Rotfuchs rennt: Gedichte 2011–2016 / Joseph Adam Lee.

LCCN: 2025922237

ISBN: 978-1-946673-12-1 (Taschenbuch)
ISBN: 978-1-946673-38-1 (Gebundene Ausgabe)
ISBN: 978-1-946673-13-8 (E-Book)
ISBN: 978-1-946673-39-8 (Hörbuch)

Für *Evariste Bisson*

Inhaltsverzeichnis

Der Rotfuchs Rennt

Neuerfindung ist eine Wahl.
Lass Sie nicht an dir vorbeiziehen.

Wenn das Rennen endet
(Die Eile der Jugend)

Du wirst es nicht bemerken bis es dich trifft.
Das Gefühl der Unbezwingbarkeit lässt nach.
Es überkommt dich ein verschwommenes Gefühl
der Ungewissheit.

Am wahrscheinlichsten geschieht es nach
einer langen späten Nacht.
Alles an diesem Morgen verachtest du:
Das Umfeld
Die Menschen
Den Kram...
Womöglich verachtest du dich selbst.

Sieh es als Geschenk,
ein Erwachen.
Du schleppst dich durch den Tag
Du siehst dir Youtube-Videos an
und isst Makkaroni und Käse.
Aber, selbst in verkatertem Zustand, reflektiere.

Das Glück ist greifbar.
Morgen sieht der Himmel anders aus.
Straßen werden erklingen.
Farben wieder leuchten.

Alles kann sich ändern.

Diese Freundlichkeit mag dir fremd erscheinen.
Vielleicht macht sie dir sogar Angst.
Aber jetzt hast du die Möglichkeit
eine Entscheidung zu treffen.

Vielleicht ignorierst du sie: vielleicht bist du nicht bereit.
Aber, wenn du Veränderung willst,
und dir der Wind Wahrheiten ins Ohr wispert
dann ist es an der Zeit sich zu ändern.
Veränderung ist okay.

Also tu es schon!
Scheiße, tu es einfach!
Ansonsten verschwendest du nur Zeit.

Ablenkungen kommen ständig.
Und du kannst so lange wie du willst in ihren Spuren rennen.
Renne barfuß wenn du willst.
Ramme deine Füße tief in den Schotter.
Zur Hölle, werde einfach Teil der Landschaft.
Nur du allein kannst anhalten.

Hör auf zu rennen.
Halte an!
Solange du noch die Gelegenheit dazu hast.

Eine Reise

Deine Reise dauert ein ganzes Leben,
das du mit Suchen, Hinterfragen und Verwirklichen verbringst.

Das Ziel ist stets subjektiv.
Du wirst dort ankommen wo du ankommen sollst.
Instinkte helfen dir dabei an deine Grenzen zu gehen
und so wirst du
gut
besser
größer
als dein früheres Selbst.

Ich für meinen Teil, bin von den
endlosen Pfaden an Möglichkeiten angetan.
Ich bin scharf auf Abenteuer.
Ich glaube nicht daran an Wurzeln festzuhalten.
Stabilität behindert mich.

Bequemlichkeit lässt keinen Platz für Entdeckungen.

Das Feuer in mir brennt, glüht in meinen Adern
und Arterien erzeugen unerwartete Gänsehaut
wenn das Blut durch meine Organe strömt.
Inspiration kann nicht geplant werden,
sondern stürzt sich spontan auf uns
in Form eines zufälliges Treffens
in Form eines Gedankens
in Form eines Bildes
in Form eines Klanges
in Form eines Gefühls.

Suche in deinem Herzen, finde etwas
und begib dich auf eine unvorhersehbare Reise.

Parkbank

Kurz vor der Arbeit, gehe Ich an einer Parkbank vorbei.
Sie ist grün, für gewöhnlich nicht besetzt, und
viele Menschen, genau wie Ich, schenken ihr wenig Beachtung.

Ich frage mich ob sich die Bank missachtet fühlt.
Ich frage mich ob eine Bank einsam sein kann.

Es scheint als sei sie an einer guten Stelle,
gelegen an der südöstlichen Seite des Central Parks.
Vielleicht sitzen Menschen auf dieser Bank
und erzählen von ihrem Leben.
Möglicherweise diskutieren sie die neuesten Schlagzeilen
in der Times oder im Wall Street Journal.
Vielleicht erzählen sie Geschichten nach
an die sie schon länger nicht mehr gedacht haben.
Vielleicht hat sich hier eine blühende Romanze entwickelt
oder ein eifersüchtiger Mann
hat genau hier seiner Liebsten das Herz gebrochen.

Möglicherweise, hat jemand nach dem Besuch auf der Bank
abschließen können.

Einmal, habe Ich mitten in der Nacht
einen Mann erblickt der auf der Bank lag.
Der Bank muss dies alles recht sein.
Sie hat ihren Sinn
als Sorgenschlucker
als plötzlicher Freund
al ein Ort für den Neubeginn
als ein...zu Hause.

Ich weiß nicht, ob Ich jemals einen freien Moment haben werde
um auf der Parkbank zu sitzen.
Ich glaube Ich werde schon bald aus dieser Stadt wegziehen.

Aber Ich weiß wo sich die Bank befindet; sie bleibt...stets,
stabil und ohne Empörung,
ohne jegliche Emotionen, aber voller Verantwortung,
vollkommen alleine, aber gewiss in Gesellschaft.

Es kann einen neidisch machen.
Ich sollte mir wirklich einen Kaffee holen und
mich mit einem guten Freund treffen,
eventuell Gedanken austauschen während wir
auf der Parkbank sitzen.

Wenn du jemandem ein
Stück harten Toast anbietest,
wird man ihn nicht essen,
wenn du allerdings
Erdnussbutter darauf klatscht
wahrscheinlich schon.

Die Tirade des Dichters

Manchmal hasse Ich das Schreiben.
Es ist eine Last.
Es erinnert mich daran dass mein Verstand rast
und Ich nicht mithalten kann.

Die Zeit erlaubt es nicht alles festzuhalten.

Dennoch versuche Ich es.
Es hat mich eingenommen.
Ich bin süchtig nach Erinnerung.
Nie will Ich etwas verpassen.
Selbst wenn es nichts ist.
Selbst wenn man sich daran nicht erinnern muss.
Ich will es festhalten.
Wer weiß?
Eventuell hilft es mir später.
Eventuell hilft es mir dabei zu begreifen
was Ich sagen möchte
sagen sollte
sagen könnte.

Dennoch versuche Ich es.
Ich versuche es festzuhalten.
Denn wenn Ich das nicht tue, geht es verloren.
Für viele Menschen ist das selbstverständlich.
Nicht für mich.
Ich tue alles was möglich ist.
Jede gekritzelte Notiz ist wertvoll.
Jeden Satz behalte Ich.
Jedes Wort.
Einfach alles.

Aber Ich versuche es.
Ich versuche mich zu erinnern.

Kühle Nächte schaffen stille Gestalten

Es war eiskalt in der Schlange.
Nun ja, nicht eiskalt,
jedenfalls kalt genug.
Ungemütlich,
aber nicht schmerzend kalt.
Egal, es war kalt.

Ich wollte nicht da sein.
Wirklich nicht, aber es war ein Samstag
und Ich hatte nichts Besseres zu tun.
Nun ja, eigentlich hatte Ich jede Menge zu tun,
aber Ich wollte mit Brad und Jasper abhängen.
Stacy war auch da.
Sie rauchte. Ich hab ein paar Mal gezogen.
Ich wollte sie beeindrucken
und das war allen klar,
selbst Stacy.

Auch JP tauchte auf. Er ist der Bewerber des Clubs.
JP war fett, und aus irgendeinem Grund
nervte mich das total.
Er hatte seit 4 Jahren in der Suite 36 gearbeitet.
4 Jahre lang einen Club an Langweiler beworben.
JP war langweilig aber alle wollten mit ihm befreundet sein.
Zur Hölle, selbst Ich habe versucht mich mit ihm zu befreunden.
Ich wollte einfach endlich drin sein!
Habe Ich erwähnt dass es draußen kalt war?
Nun ja, nicht so kalt.

Ich kam mir langweilig vor
Irgendwie auch lahm,
wie Ich dort rumstehe und versuche
in einen Nachtclub zu kommen
der nach noch mehr Lahmheit stank.
Wir hatten seit 4 Stunden getrunken.
Ich befand mich an einem guten Punkt.
Ich wollte nicht noch mehr trinken.
Ich kam mir vor als hätte Ich der Flasche
vor kurzem den Kampf angesagt,
und Brad und Jasper waren im selben Boot.
Stacy, da war Ich mir nicht sicher.

Sie schien nüchtern.
Ich hatte nur ein paar Mal mit ihr abgehangen,
höchstens 4-mal.
Ich fand sie strahlte mehr denn je.
Das sagte Ich ihr nicht, aber Brad und Jasper wussten
dass Ich so von ihr dachte.
Irgendwie wünschte Ich sie hätten keine Ahnung.
Wir gelangten an den Anfang der Schlange,
und zwei breite schwarze Männer standen vor uns.
Der Eintrittspreis war 35 $.
So ein Dreck!
Wir hatten an diesem Abend bereits 50 $ pro Nase verballert.
Ich fragte meinen neuen Freund, JP, ob er uns umsonst reinließe.
Er reduzierte den Eintrittspreis auf 20 $.
Fick dich JP!
Er ist ein Schwachkopf.
Ich war neidisch auf ihn.
Er hatte drei Mädels im Arm, die ihn küssten.
Ich wünschte Ich hätte Stacy im Arm.
Ich wünschte Ich hätte irgendein Mädel im Arm.

JP grinste wie ein Seehund als wir gingen.
Auf keinen Fall würden wir 20 $ bezahlen.
Auf keinen Fall wollten wir in den Club.
Hätten wir JP nicht getroffen hätten wir vielleicht sogar bezahlt.
Dann wiederum bin Ich froh dass wir nicht bezahlten
denn wir hätten uns nur über den Tisch gezogen gefühlt.
Ich wollte am liebsten zurück

In Jasper's und Brad's Wohnung und reden.
Ich wollte auch Stacy dabei haben.
Sie war nicht so alt wie wir, aber ihr Verstand schon.
Genau das mochte Ich an ihr,
aber das konnte Ich ihr niemals sagen.

Ich wollte mit irgendjemandem reden.
Nun ja, außer JP,
denn, wie Ich bereits erwähnte, ist er ein Schwachkopf.
Über was wollte Ich reden?
Dinge
Dinge die etwas bedeuten.

Ich bin nicht sicher was das für Dinge waren
oder gewesen wären,
aber Ich wusste wir würden sie finden.
Entweder das, oder etwas findet uns.

Wir redeten nicht.
Wir stiegen ins Taxi und gingen in eine andere Bar,
wir verpulverten nochmal 50 $,
wir tranken bis zum Blackout und wachten am nächsten Morgen
auf.
Ich war enttäuscht.
Wir hätten nicht ausgehen sollen.

Nachdem also meine Kopfschmerzen nachgelassen hatten
und Ich mich per SMS beim Barkeeper entschuldigt hatte
dafür das Ich zu betrunken und unhöflich gewesen war,
und Jasper sich auf den Weg ins Fitnessstudio machte,
saßen Brad und Ich zusammen.
Wir taten genau das was Ich die Nacht zuvor tun wollte:
Wir redeten,
redeten einfach.
Und nachdem wir fertig waren,
wollte Ich noch mehr reden,

aber wir hörten auf,
wir redeten nicht mehr miteinander.

Der Kompromiss des Künstlers

Ein Kuschelsack voll Neid
beruhend auf der bevorstehenden Erkenntnis
dass der Erfolg ausbleibt,
auch wenn du es dir am meisten wünscht.
Allerdings, ist Sensibilität etwas dass der Künstler ausgleichen
muss.

Wie kann jemand ohne wahnsinnige Vorsätze gedeihen?

Sei daher mutwillig verletzlich und kreiere.

Verstand wird verschwendet, es sei denn er kreiert.

Der Mann und die gelbe U-Bahn-Linie

Nach einer weiteren langen Weile des Trinkens
und etlichen Versuchen Frauen aufzureißen,
vielmehr triumphierend
vielmehr scheiternd
komme Ich an der U-Bahn-Haltestelle N, Q oder R an
oder einfach gesagt, der gelben Linie.

Ich hätte ein Taxi nehmen sollen,
aber Ich gab zu viel für Alkohol aus
Getränke für mich
für meine Freunde
für 'neue' Freunde
für wirklich jeden, der bereit war mit mir zu trinken.
Schlimmer noch,
Ich hatte keine Ahnung wieviel Ich ausgegeben hatte.
Belege, Hurras auf dünnes Papier gedruckt,
würden mich am Morgen danach
an die Gin Tonics
Die IPAs
Die Cabernets erinnern.

Ich sollte sie aufheben und
den Barkeeper bitten sie wie Baseball-Karten zu signieren,
oder sie von Mädels küssen lassen.
Sie würden hinreißende Lippenstiftabdrücke hinterlassen.
Vielleicht eine andere Nacht.

Das pulsierende Herz der Stadt ist ungenutzt.
Times Square verballert seine Beleuchtung
während Ich auf das Gleis der U-Bahn zugehe.
Die Penner stehen in friedlicher Harmonie herum.
Sie starren mich an.
Erinnere Ich sie an sie selbst
als sie in meinem Alter waren?

Was für ein Labyrinth, diese Unterwelt.
Und dann sehe Ich ihn,
den Mosaik-Mann an der Wand der U-Bahn-Station
der noch immer seinen braunen Mantel trägt.

dessen obere Hälfte sein gefliestes Gesicht verdeckt,
wie immer.
Sein obligatorischer, oranger Schal hält ihn warm.
Ich frage ihn nach der Zeit.
Es ist ein Spiel das wir spielen
zwischen 3:00 und 5:00 Uhr morgens.
Er antwortet nie.
Ich lache in sein ausdrucksloses Gesicht.
Niemand lacht mit mir.
Ich lasse den immerwährenden Mann sich auf seine Uhr
konzentrieren.
Mir fällt ein neues Filmplakat neben ihm auf.
Ich klopfe ihm auf die flache Schulter.
Sobald Ich ihn gefunden habe, muss Ich mir nur drei Dinge
merken:
Links, rechts, rechts.
Die zweite rechts folgt nach dem Zeitungskiosk.
Ich wünschte Ich hätte ein paar Kohlen.
Ich würde ein paar Chips oder Nüsse kaufen,
etwas, um meinen schlafentzogenen Verstand zu beschäftigen.

Ich warte auf das Spaceshuttle des Untergrunds.
Sobald es ankommt, steige Ich ein und setze mich.
Ich sehe Funken antreibender Elektrizität
während die U-Bahn die Queensboro Brücke überquert
und
über den East River springt.
Ich denke mir,
eine weitere Nacht,
und Ich kann es nicht erwarten nach Hause zu kommen.

Fingerläufer

Könnten meine Finger reden, würden sie schreien.
Sie würden aufplatzen und bluten
durch den Zorn der vielen Männern bekannt ist.
Lediglich auf der Suche nach der Chance,
Nein
Der Möglichkeit gehört zu werden.
Ich vermute daher schreibe Ich.
Mitten an einem Freitagabend
mit einem Bier zu meiner Rechten,
steckt Mut im Schreiben.
Und das Beste daran ist dass es nichts kostet:
es gibt keine Einschränkungen, Protokolle
oder begrenzten Wege.
Ich kann die Straßen kontrollieren, bauen und navigieren.
Und, Hey!
Falls dir das nicht gefällt,
geh mir verdammt nochmal aus dem Weg!

Die Straße der zerbrochenen Träume ist ein Mythos.

Sie ist voll mit denjenigen die sich in die Finger schneiden
und bluten,
sie allerdings viel zu schnell in Pflaster und Verbände wickeln.
Glanz und Glamour ist ein Nebengedanke.
Es ist nicht das Ziel.
Das könnt ihr mir glauben.
Die Solidarität reicht aus dich zu sättigen
für ein ganzes Leben wenn du es zulässt.
Ansprüche bringen es durcheinander,
und diese Erwartungen führen auf die lange Straße des Elends.
Ich laufe nebenher, aber lasse mich nicht davon einnehmen.
Lieber stolpere Ich, und gehe dann auf dem Weg weiter.

Ein Tag Krank am Rockaway Strand

Ich hielt dich.
Du warst so zerbrechlich und Ich wagte
es nicht mich zu bewegen.
Nein, es gab keinen Ausweg.

Du warst wie Sand.
Ich fürchtete mich davor meinen Griff zu lockern.
Ich verstärkte ihn und hielt dich fester,
kämpfte gegen die Meeresbrise an.

Hätte Ich meine Umarmung gelockert,
hätte Ich dich verloren.
Du wärst durch meine Arme gerutscht,
auseinandergefallen und in tausend Stücke zerbrochen,
verschmolzen mit der karamellbraunen Decke,
dein verhängnisvolles Schicksal erwartend
wie ein schwächlicher Legionär.

Der Ozean rief nach dir.
Die Flut nahte,
verleitete dich zur Flucht.
Er hätte ganz leicht über dich hinwegströmen können.
Dahin
dahin verschwunden, in einer salzigen Mischung.
Eine brutale Übernahme.
Aber Ich hielt dich fest, hielt dich so fest.

Ich war nicht bereit unsere Liebe loszulassen.

Ein verwundetes Biest heult im Inneren.

Wir rennen weiter solange du weitergehst
(Schneestürme in New York City)

Der matschige Boden machte mir nichts aus:
Ich wuchs mit weißen Winter wie diesen in Maine auf.
Merkwürdigerweise, vermisse Ich solche Morgen.
An diesem Tag, das gebe Ich zu, hätte Ich auf den Wind
verzichten können.

"Unterbrochen", hieß es.
"Die Züge fallen aus."
"Man solle sich frei nehmen."
Ich hatte nicht frei.
Nein, die Drecksäcke mussten jeden
Groschen aus uns quetschen.

Es war 8:10 Uhr.
Ich wusste Ich würde eine Stunde brauchen zu Fuß
Auf meinem Weg sah Ich keine Menschen,
nur gelbe und grüne Marsmenschen
mit reflektierenden Augen,
ohne Hände...niemand hatte Hände.

Die Queensboro Brücke war festlich dekoriert.
Ich war nicht der einzige, der zur Arbeit musste.
"Hey! Warum fährt dieser Zug?" fragte ein Mann.
"Halt! Lass uns mitfahren, Mann!" sagte ein anderer.
Ich hielt nicht an.
Ich rannte weiter.
Er lachte uns aus.
Der Schaffner schaute in unsere Richtung und rief "Fällt aus!"

Der Zug bespuckte uns mit braunem Schnee.
Die Klumpen sahen aus wie Steine,
aber der schmutzige Schnee verletzte uns nicht.
Er erinnerte mich daran wie
Ich meine Schwester mit Schneebällen bewarf
bevor Ich sie zur Schule fuhr.

Ich erreichte die andere Seite in Manhattan
und musste noch 5 Straßen gehen bevor
Ich es zur Arbeit schaffte.

Als Ich mich näherte, sah Ich Menschen
aus dem Ausgang Lexington und dem 59.
U-Bahn-Ausgang sprießen.
Ich sagte, "Hey, fahren die Züge wieder?"
Ein Mädchen sah mich an als sei Ich verrückt.
War Ich nicht, Ich wollte es einfach wissen.
Sie sagte, "Ja, sie fahren seit 9:00 Uhr."

Ich sah auf meine Uhr.
Es war 9:15 Uhr.
Scheiße, dachte Ich.
Ich bin zu spät für die Arbeit.

Penetrante Penner

Der Mann war verzweifelt.
Vielleicht war es nur Show,
wie sie andere Bettler beherrschen.

Da ist das Mädchen, Shirley, das immer
davon labert dass es Geld für seine Kinder braucht.
Ich frage mich wo diese Kinder sind.
Wie schafft sie es den ganzen Tag
die Züge ohne sie auf und ab zu laufen?
Wie kann sie sich einen Babysitter leisten?

Ich weiß, Ich weiß.
Es ist nur Show.
Ein tägliches Schauspiel.
Obdachlos
und hilfsbedürftig.

Betrüger sind unschlagbar im Mitgefühl ausnutzen.

Sie alle haben einen Standpunkt,
aber er ist nicht allzu unterschiedlich von jemandem
an einem Schreibtisch der Verantwortungen
aus dem Weg geht aber auf das Handout wartet.
Tatsächlich sind die Penner ziemlich aktiv
wenn du darüber nachdenkst.
Sie tun etwas,
anstatt auf die Uhr zu sehen
und auf die zweiwöchentliche Einzahlung zu warten.
Meine Freunde sagen Ich sei idiotisch
da Ich mein Geld für sie verschwende.
"Du förderst doch nur die Betrügerei, Mann."
Vielleicht tue Ich das.
Vielleicht?
Ich schätze Ich bin weich.
Ich möchte daran glauben,
dass darin möglicherweise etwas unverdorbenes steckt,
verstehst du?
Ist es wirklich so irre dass dieser Kerl,
dieser beschämte,

vom Glück verlassene,
verletzliche,
mutige Kerl eine beschissene Pause braucht?

Wir alle brauchen hin und wieder eine Pause.

Es ist uns gar nicht bewusst,
aber einige von uns leben ihr ganzes Leben für Pausen.
Dieser Typ fragt nach einem Dollar.
Ich gebe ihm fünf.
Er sieht mich an.
Ich bin nicht sicher ob es Teil des Tricks ist oder nicht.
Mir ist es auch wirklich egal.
Ich hoffe nur es half.

Vielleicht war es die Pause die er benötigte
um wieder auf die Beine zu kommen
um wieder daran zu glauben dass er etwas wert ist
um sich klar zu werden dass Pausen passieren
um ihm einen Moment zu geben
um ihm ein verdammtes Lächeln zu erlauben.

Jedenfalls, Ich will das Geld nicht.
Es wird am Ende nur meine Seele verderben.
In gewisser Weise,
ermögliche Ich mir selbst eine Pause.
Daher, in gewisser Weise, teilen der Penner
und Ich das gleiche Notlager.
Wenn es doch nur mehr Penner gäbe.
Ich sollte mit mehr Fünf-Dollar-Scheinen
in meiner Hosentasche herumlaufen.

Ein stiller Spaßvogel in einem Raum voller Gelächter

(Büromeeting-Milieu)

Es geht wieder los.
Ein Raum voller gackernder Idioten.
Jeder von ihnen versucht zu beweisen, wie clever er ist.
Sie sagen Sachen die sie schon hundert Mal davor gesagt haben.
Sie grunzen und durchbohren ihre Augen
mit noch mehr unausstehlichen Fragen.
Sie platzieren ihre Finger unter dem Kinn.

Ja, Ich mache das gleiche,
Ich verhalte mich genau wie sie.
Wir sind alle zu angestrengt,
aber wir haben keinen blassen Schimmer.
Es ist alles nur Schall und Rauch,
genau wie alles andere momentan.

"Wer ist dieser Spaßvogel der mir
erzählen will wie Ich zu denken habe?"
"Dieser Spaßvogel sieht recht jung aus."
"Ah, er hat keine Ahnung – er ist nur ein verdammtes Kind."
"Er hat keine Ahnung von nichts."
"Dem stimme Ich nicht zu, Ich denke da liegst du falsch."

"Diesen Spaßvogel nehmen wir auseinander."

Er ist okay, - er hat eigentlich Recht –
aber das interessiert sie nicht.
Es gefällt ihnen,
zusammen und absichtlich borniert.

Der Spaßvogel versucht die sturen Köpfe zu überzeugen.
Sie sind hartnäckig.
Sie schützen sich mit Angst,
aber das werden sie niemals zugeben.
Sie werden nachlassen, aber nicht so sehr wie sie sollten.

"Er klang klug, aber er hat noch einen weiten Weg vor sich."
Ich weiß nicht warum sie das tun.

Ich weiß nicht warum irgendwer das tut.
Was ist der Sinn.

Ich schätze es ist Stolz.
Wir wollen uns alle wichtig fühlen.
Wir brauchen alle Bestätigung.
Ich bringe mich nicht ein,
Ich sage kein Sterbenswort,
und genau so haben sie es am liebsten.

Sobald der Spaßvogel geht,
derjenige der klüger als der Rest von uns ist,
tun sie so als hätten sie es nicht nötig.
Sie tun alle so als ob.
Genau wie alle anderen:
Eine Welt voller Darsteller,
die diejenigen auslacht die nicht schauspielern.

Ich schäme mich dafür ein Darsteller zu sein.
Ich schäme mich dafür dass Ich lachte.
Ich schäme mich dafür dass die Spaßvögel nicht lachten.
Wenn wir den Spaßvögeln einfach zuhören würden,
könnten wir vielleicht Fortschritte machen,
vielleicht müssten wir nicht so tun als ob,
aber das wird nicht passieren,
nein, wird es einfach nicht.

Die Spaßvögel werden uns nicht bezwingen,
aber Ich feuere den Spaßvogel an.
Ich hoffe der Spaßvogel sorgt
dafür dass ihnen das Lachen vergeht.
Ich hoffe der Spaßvogel sorgt
dafür dass sie alle ihr verdammtes Maul halten.
Ich hoffe der Spaßvogel sorgt dafür dass sie aufhören zu grunzen,
und dass sich ihre Augen öffnen.
Ich hoffe der Spaßvogel hindert sie daran
auf ihren blöden Fingern zu sitzen.
Ich hoffe der Spaßvogel siegt.
Ich hoffe der Spaßvogel lacht zuletzt.

Lag Ich jemals falsch?
Nun ja, Ich denke die richtige Frage lautet:
Lag Ich jemals richtig?
Meine Antwort lautet...'selten'.

Ohne

    Wachstum

        kann

            nichts

                entstehen.

Ein Vorsprung erwartet unseren Sprung

Es gibt einen Vorsprung,
weißt du?
Ich will abspringen.
Vielleicht werde Ich fliegen oder vielleicht auch nicht,
vielleicht tauche Ich tief in den Abgrund hinab.
Ich weiß es wäre einfacher umzukehren.
Ja, es wäre einfacher zurückzugehen
zu all dem das gleichbleibend und natürlich ist,

Wo Ich sicher bin.

Es geht nicht!
Täte Ich dies, würde Ich rückwärtsgehen
in meine Schatten hinein.
Wenn du fliegst, ist dein Schatten unter dir.
Nur wenn du abstürzt triffst du auf deinen Schatten.

Die Zeit hält mir vor Augen was Ich nicht erreicht habe,

was Ich tun will,
wo Ich sein will.
Es tickt in meinen Ohren und es ist irritierend.
Ich kratze mich um es zu besänftigen,
aber Ich werde es nicht los.
Ich brauche es genauso sehr wie Ich es verachte.
Es ist da,
und
es erinnert mich
es treibt mich an
es fördert meine Motivation.

Das witzige ist sollte Ich es schaffen,
weiß Ich nicht was Ich tun werde.
Was passiert nachdem man es geschafft hat?
Ich kenne niemanden der es geschafft hat.
Manche Menschen sind einen Sprung von Großartigkeit
entfernt,
soviel weiß Ich.
Keiner von euch sollte es wagen zurückzublicken.

Abfahrtszeit: 23:26 Uhr.
Ankunftszeit: Unbekannt

Der Motor lief mit schnurrender Leichtigkeit, springend vom
weißen Streifen auf der rechten Seite auf seine spiegelnde
gelbe-zweifache-nein-warte-gestrichelte-nein-warte-jetzt-wieder-
durchgehende Linie auf der linken Seite.
Die Streifen bildeten die einzigen Führungslinien des Autos wie es
sich durch die transparente Luftschicht bewegte.
Bilder erschienen augenblicklich, überließen dem Fahrer sich
rasch an Momente zu erinnern, aber die Spule endete nie.
Er behielt die kurzen Einblicke im Auge:
Sie erinnerten ihn an seine Wurzeln.
Sie waren ein Hinweis darauf wo er als nächstes landen könnte,
aber es gab niemals eine Garantie.
Er wünschte er könnte jeden Augenblick einsehen,
aber die Schweinwerfer des LKWs waren stärker an dessen
Unterbau
und wurden schwächer in Richtung der Seiten.
Dies führte dazu dass er einiges verpasste.
Er wollte mehr erleben.
Diese unersättliche Sehnsucht verärgerte Ihn.

Ließ er sich nieder?

Die Widersprüchlichkeit der Reise
war die Realität des Lebens des Fahrers.
Er steuerte die Bewegungen des Fahrzeugs durch seine Ansichten,
aber bewegte sich regelmäßig außerhalb der Linien, verlor den
Überblick,
plante seinen Umweg nur um von einer Straßensperre aufgehalten
zu werden.
Die Augen anderer blickten ihn an,
erblindeten ihn stellenweise.
Über die roten, gelben, grünen Phasen
hatte er keine Kontrolle.
Bisweilen war er vollständig rot,
fragte sich was als nächstes kommt,
dann wieder grün,
das Gaspedal drückend.
Die orangen Himmelskörper
waren miteinander verbunden, bildeten ein tiefsitzendes Lächeln.

Die Silhouetten der bewaffneten Wälder
und deren Finger zeigten nach oben.
Die Verschwommenheit hätte ihn von seinem Ziel abschrecken
sollen;
das Unvorhersehbare, das Unbekannte, hätte seine
Verunsicherung anstacheln sollen,
aber das tat es nicht.
Die Extremitäten inspirierten den Fahrer.
Sein Verstand sagte ihm
den Linien zu folgen
dazwischen zu bleiben
dazwischen zu bleiben
auf der Straße anzuhalten.
der Richtung zu folgen.

Die Straßengabelung näherte sich.
Er konnte sie nicht sehen,
aber er wusste sie war da.
Sie war davor auch schon da,
und manchmal hatte der Nebel seine Entscheidungen gestört.

Bisweilen wünschte er sich
er könnte umdrehen und in die andere Richtung gehen.

Dieses Mal, bei der Straßengabelung, zeigten die Linien nach
rechts.
Es war der richtige Weg.
Dort lagen weniger Hindernisse auf dem Weg...und...er war
sicher.

Der Fahrer bog nach rechts ab.

Die Lichter, die Linien, die Richtungen waren verschwunden,
aber letztendlich
gelangte er nach Hause.

*Für Eitelkeit habe Ich nichts übrig
solange man mir sagt Ich sei gutaussehend.*

Die Kasse

Ich jongliere mit Thunfischdosen:
das ist alles was Ich mir leisten kann.
Selbst Majonäse kaufe Ich nicht mehr.
Warum tue Ich das?
Nun ja, Ich kaufe eben lieber noch eine Dose Thunfisch.

Der Stapel ist hoch und Ich balanciere ihn
an meiner Brust.
Mein Kinn ist dabei der Schraubstock.

Diese Stadt bezwingt mich nicht.

Ich weiß Ich kann es schaffen,
Ich weiß es ist nur vorübergehend.
Nichts kann mich unterkriegen.

Die Kasse ist um die Ecke.
und frei – Sekunde...
Verdammt.
"Sie zuerst." sage Ich zur alten Dame.
Der blaue Einkaufswagen passt zu ihren blauen Haarsträhnen.
Katzenstreu, Milch
und ein Laib Weißbrot.

Ich denke, "Na los – Ich hab nicht ewig Zeit."
"Ja, die Milch kostet 2,39 $."
"Nein, das Katzenstreu ist nicht reduziert."
"Passendes Kleingeld? Sind das Pennies?"
"Sie hat nicht genug fürs Brot?
Nicht dein Ernst!"

Ich stelle die Dosen ab
und schiebe sie auf die Kassiererin zu.
Ich blicke auf das Brot.
Beide blicken auf das Brot.

Gesenkte Blicke sind nicht die Lösung.

Der Kassiererin greift es
und ist kurz davor es dem Regalauffüller zu reichen.
Ich stoppe sie.

Ich blicke in die grünen Augen der alten Dame.
ihre Augenlider schmal und zufrieden.

Ich greife eine der Dosen und
gebe sie der Kassiererin.
"Einmal tauschen?"
Ich gebe ihr zwei Dollar.
Das Brot wird in eine Papiertüte gegeben
auf das Katzenstreu gelegt.
Die alte Dame umarmt mich.
Sie verlässt den Supermarkt.

Ich blicke zurück auf den kleineren Stapel aus Dosen.
Zur Kasse.

Sie hat keine Ahnung

Der rote Lippenstift
eine Longchamp Tasche
eine dunkelblaue Barbour Jacke
eine verpackte Weinflasche (am wahrscheinlichsten Pinot Grigio)
eine Schachtel Godiva Pralinen
und Angst.

Sie fragt sich, "Ist sie gut genug?"

Passt sie rein?
Sie geht auf ihren Stuhl zu und sieht dabei verwirrt aus.
Sie stellt ihre Entscheidung in Frage.
Hat sie die richtige getroffen?

Sie braucht die ganzen Label nicht.
Ohne all das Zeug wäre sie perfekt.
Ihre Maske lässt es schwer sagen,
aber
sie hat keine Ahnung.

Sie trägt sie schon viel zu lange.

Das Werk und sein Schöpfer

Der Schöpfer muss alleine sein.
Er muss in den Schatten sitzen
an seinem Handwerk arbeiten,
ein Handwerk für das nur er alleine geschaffen wurde.

Die Arbeit, Ablenkungen, Frauen und Männer
mögen den Schöpfer nicht verstehen.
Können sie gar nicht,
da sein Werk seine Leidenschaft ist.

Pass auf.

Verlerne nicht dein Handwerk.
Halte daran fest,
lass die Nicht-Schöpfer es nicht stehlen
lass sie es nicht ausnutzen.
lass sie es nicht verändern.

Lass sie es nicht ruinieren.

Das wäre das schlimmste.
Bitte, Ich flehe dich an!
Vor allem anderen,
lass sie es nicht ruinieren.

Das Werk ist das einzige Sprachrohr des Schöpfers.
Er spricht nur wenn er bereit dafür ist.
Der Schöpfer hat Geduld mit sich selbst.
Der Schöpfer hat Geduld mit den Nicht-Schöpfern.

Jetzt ist es still.
Still
Still
Still
Stets still.
Ist es an der Zeit gehört zu werden?
Sei still!
Ist es an der Zeit zu sprechen?

Sei still!
Der Schöpfer braucht es still.

Der Schöpfer muss vorsichtig sein.
Der Schöpfer muss an sein Werk glauben.
Sein Werk ist kein Artikel zum Verkauf.
Sein Werk soll inspirieren.
Es soll die Nicht-Schöpfer verbinden.

Das Werk hat Zweck.

Lärm kommt auf,
die Lautstärke übersteigt die Kapazität.
Die Funken schreien.
Das Werk ist fertig.
Der Schöpfer muss alleine sein.

Sag etwas Wichtiges.

Liebesgedicht für Linda

Mein Herz macht einen zweiten Sprung.
Zu wissen dass es dich gibt tut weh.
Wie kann Ich dieses Gefühl besiegen,
eine emotionale Anziehungskraft die es auf keinen Fall schaffen
kann?

Liebe ist ein Vorgang
ein Laufwerk
eine Kraft die nicht erklärt werden kann.
Für dich, bedeutet es die Welt
und du bist
mein Opfer
meine Emotion
meine Stärke.

Du bist ein ewiges Entkommen vor dem Gewöhnlichen.

Denn wahre Liebe lässt sich nicht definieren;
sie ist ein Gefühl der Euphorie.
Wenn ein Herz flattert und eine Seele schwebt:
ein Gespür dessen was sein wird und was entstehen wird,
der Moment unentbehrlicher Ruhe,
der allen Tiefsinn unbedeutend macht.

Hellwach, und ein rasender Verstand

Es scheint als sei man stets von Licht begleitet
das ausgeschaltet sein sollte.
Eine Uhr
die die Stunden 3, 4 oder 5 Uhr anzeigt.
Augen
die durch klebrige gelb-grüne Masse verklumpt sind.
Meine Kontaktlinsen wissen wie man Feuchtigkeit stiehlt.

Ich versuche mich davon zu überzeugen Ich träume
oder dass Ich mich einfach noch einmal hinlegen sollte.
Aber Ich weiß dass mir meine Augen vergeben werden
wenn Ich meine Kontaktlinsen herausnehme.
Also, stolpere Ich ins Badezimmer
und quetsche die falschen Augen heraus.
Auf meinem Weg zurück, halte Ich an um etwas zu naschen,
"Was zur Hölle," sage Ich.
Ich bin schon wieder aufgestanden und wach.
Es ist still.
Ich sitze vor der Tastatur und es dröhnt herein.
Ich versuche es zu bändigen das stürmische Desaster aus
Gedanken
Geräuschen
Worten.

Immerzu Worte, sie sind alles was wir haben.

Der Versuch meine Gedanken aufzugliedern ist aussichtslos.
Niemand kann die Geschwindigkeit verfolgen mit der der
Verstand arbeitet.
Es gibt so viele Worte die Ich aufschreiben will,
so viele Dinge die Ich Menschen sagen will.

Zerstreut,
brüllt mich in diesem Moment alles an.
Ich kann es sehen,
wie ein frisches Hemd zum ersten Mal getragen.
Dann weg.
Ein einziges Mal getragen und von Erinnerungen zerknittert.

Der Versuch die Schnipsel aufzusammeln,
irgendwelche Schnipsel,
sie aufzuschreiben
nachträglich etwas entfachen.
Nach und nach, alle verschwunden,
ein persönlicher Untergang
ein Spieß im Auge
ein Knoten im Ohr der zu tief sitzt
dein Magen sinkt und du landest auf dem Boden.

Der Cursor auf dem Bildschirm bewegt sich nicht.
Ich lege mich ins Bett.
Vielleicht wache Ich wieder auf.
Vielleicht fange Ich etwas Magie ein.

Lass es leuchten

Das Leben ruft nach Drama.
Warum sollte es?
Wir sollten nicht so viel Schmerz ertragen müssen.
Ich weiß wie du dich fühlst.
Du versuchst eine positive Einstellung anzunehmen,
aber es ist anstrengend die Hoffnungslosigkeit auszublenden.

Alles was du tun kannst ist durchzuhalten.

Es ist wichtig zu lachen.
Einfach zu lachen,
forme deine Lippen in ein Lächeln.
Selbst wenn Tränen fallen,
selbst wenn es nutzlos scheint zu lachen.
Zur Hölle, lache über dein Elend.
Lass es geschehen.

Lass ein Lächeln zu.

Das Spiel des Lebens ist voller Druck,
auf den wir in den meisten Fällen keinen Einfluss haben,
den wir zu fühlen oftmals gezwungen werden.
Wir neigen dazu zu taumeln,
auch wenn wir darauf abgerichtet sind uns auf Einschränkungen
zu verlassen.

Erlaube dir zu entfliehen,
entfliehe der Welt
entfliehe für einen Augenblick dem Leben.
Es ist nichts falsch daran Abstand zu nehmen.
Spiele dein Lieblingslied und
schließe die Augen und lausche deinem Atem.

Nur wenn das Licht genau den richtigen Winkel trifft
strahlt es auf uns zurück.
Die meiste Zeit ist es dunkel.
Warte einen Moment.
Wenn es erscheint,
lass es leuchten.

Lass es leuchten.

Lieber würde Ich für immer gehen als einen
Marathon zu laufen.

Schreibe

Schreibe

Schreibe bis du nicht mehr kannst.
Schreibe bis du die Magie entdeckt hast.
Schreibe bis du weinst.

Schreibe

Schreibe um zu inspirieren.
Schreibe um zu vergeben.
Schreibe um dich zu erinnern.

Schreibe

Schreibe bis die bedeutendste Geschichte erzählt ist.
Schreibe damit du die Welt verändern kannst.
Schreibe um jemandes Leben zu berühren.

Schreibe

Schreibe mit deinem Herzen.
Schreibe mit deiner Seele.
Schreibe und höre niemals auf.

Schreibe

Die Straße in meiner Nachbarschaft

Es ist 3 Uhr morgens und Ich trete gegen den Bordstein.
Daran werde Ich mich morgen kaum erinnern.
Meine Straße allerdings schon:
sie scheint mich gut zu kennen.
Sie hilft mir dabei den Weg in mein Bett zu finden.

Es ist einfacher mit meiner Straße zu reden.
Sie ist der beste Zuhörer und sie widerspricht fast nie.
Es beruhigt mich wie sie mich nie verurteilt,
egal wie oft Ich auf ihr gehe.

In einer gestrigen Erinnerung leben

Ich wartete auf mein Essen.
Der Raum füllte sich.
Opa aß Toast mit Zimt.
Oma krallte sich einen englischen Muffin.

Ich begann unruhig zu werden.
Ich schaute mich um und sah all die Menschen, die wir kannten.
Nun ja, all die Leute an die Oma und Ich uns erinnern konnten.

"Komm schon, Sue, wo bleibt mein Essen?" fragte Ich.
"Sorry, Joe, wir sind nur ein bisschen hinterher." sagte meine
Schwester.
"Aber Ich hab schon vor 20 Minuten bestellt."

"Joe Lee, gedulde dich" sagte meine Großmutter,
Oma Margey.
"Hey Margey, lass den Jungen in Ruhe er hat heute Abend ein
wichtiges Spiel." sagte Opa als er mir zuzwinkerte.
Ich hatte meinen Großvater schon lange nicht mehr so zwinkern
sehen.

"Joe Lee... Basketball?! Er ist fast dreißig,
Opa – er spielt kein Basketball mehr."
"Was redest du da Oma?" ging Ich dazwischen.
Ich warf ihr einen Blick zu, der ausdrückte dass
es eigentlich egal ist.
"Ja, Marge, was redest du da?" fragte Opa.

Oma hielt inne.
Sie verstand: es war es nicht wert die Realität aufzudecken.
Ich lebte gerne in Opa's Vergangenheit.
In dieser, dürfen wir uns erinnern.

Dies waren schöne Momente.
Sie waren wichtig,
aber dennoch sehr traurig.
Wir erlaubten uns nicht traurig zu werden.

Wir träumten von Erinnerungen.

Ich konnte sehen dass es Oma schwerfiel.
Ich vermute es fällt ihr schwer stark zu bleiben,
dennoch blieb sie es – sie hatte keine Wahl.
Das mussten wir alle.

Es erstaunt mich was für ein Geschenk es ist in Erinnerungen zu
schwelgen.
Die Gespräche die du geführt hast – die von denen du damals
schnell gelangweilt warst können so wertvoll sein.

Meine Schwester reichte mir einen Teller, "Bitteschön."
"Danke, Sue."
Opa blickte Sue an und dann mich.
Er war still.
Oma blickte zur Seite – sie konnte es nicht ertragen Zeuge zu
sein.
Ich blickte Opa an und er erkannte mich nicht.
Der Moment war vorüber
und wir hatten keine Ahnung,
ob jemals ein neuer auftauchen würde.

Ich fühlte mich schuldig vergessen zu haben
wie wertvoll Erinnerungen sein können.
Ich wollte es aussprechen,
aber stattdessen aß Ich das Frühstücks-Sandwich.
Mit jedem Bissen erwartete Ich
voller Hoffnung dass Opa zurückkehren würde.
Ich wartete, brachte nur vier Bissen hinunter
bevor Ich nichts mehr essen konnte.

Sue fragte, "Warum isst du nicht?"
Ich sagte nichts.
Ich begann mich zurückzuziehen, hielt dann jedoch inne.
Opa sagte, "Ja, Joe, du brauchst deine ganze Kraft
für das große Spiel heute Abend."

Momente der Magie sind stille Hinweise darauf
dass schon bald der Wahnsinn folgt.

Spiegelbilder

Ich schätze wir alle haben ein Bild von uns selbst,
und wir verbringen unzählige Stunden damit dieses darzustellen.
Wir verschwenden
Geld
Zeit
und Energie damit etwas unserer Vorstellung zu präsentieren.
All das damit wir irgendwann
zu einem beliebigen Zeitpunkt
als ein Charakterbild bewundert werden können.

Auch wenn wir danach streben originell zu sein,
können wir das nicht.
Originalität ist nicht länger originell.
Originalität ist nichts weiter
als ein falsches Bestreben
und seine Scheußlichkeit wird von der Eitelkeit der Medien
erzeugt.

Aber wir glauben daran.
In der Hoffnung uns eines Tages abzuheben von
der gedrängten Menge der Aufmerksamkeitssuchenden,
diejenigen die sprachlos sind oder atmen ohne die
Chance auf Anerkennung.

Wir sind kleiner geworden.
Wir können uns nur entfalten indem wir zurückweichen.

Wir bewegen uns in einem Nebel geschaffen von unserer Kultur
aus
Unsicherheit
Ausreden
Einsamkeit
Verblendung
Selbstgefälligkeit.

Oktober Gehwege

Es beginnt mit den Socken.
Der sorgenfreie Sommerwind der an meine
ungeschützten Füße bläst ist verschwunden.
Socken schützen mich vor dem Rauschen des Herbsts.
Die Straßen scheinen jetzt breiter.
Die nebelhaften Unterhaltungen von Touristen, Praktikanten
und Besuchern
sind in ihre fernen Häuser verlegt worden.
Madison Avenue ist voller Suchender.
Es ist das einzige was die Stadt schützt.
Die ergebenen Alteingesessenen vermischen sich mit den
Neuankömmlingen.
Wer wird durchhalten?
Eine unausgesprochene Furcht präsentiert sich.
Wird es jemand, irgendjemand, vor dir schaffen?
Besorgnis und Hoffnung vermengen sich wie Öl und Wasser.
Jederzeit besteht die Möglichkeit zu dehydrieren.
Diese Wahrscheinlichkeit nimmst du in Kauf.
Ich laufe an Hassan vorbei, dem Mann im Kebab-Wagen.
Er hat den ganzen Sommer nicht Hallo zu mir gesagt,
Aber heute ist es anders.
Ja, genau wie jeden Oktober,
stellt sich ein zartes Gefühl des Vertrauens wieder her,
für diejenigen die überlebt haben.
Es ist das Mikro-Ökosystem,
eine Stadt aus turbulenten Übergängen,
aus verschollener Gleichgültigkeit und saisonalem Ehrgeiz
darauf wartend sich zu verwirklichen.
Ich habe es durch ein weiteres Jahr geschafft, aber hey, betrachte
die Zeit.
Ich bin spät dran, aber sind wir nicht alle ein bisschen spät dran?

Beginne ohne Richtung

Starte einfach.
Wer weiß wo du enden wirst?
Wer weiß ob du es beenden wirst?

Unter Umständen wirst du es nicht.
Das spielt keine Rolle.
Viele endeten an Orten die sie nicht erwartet hatten.
Manchmal sind diese Orte besser,
andere Male, schlechter.

Aber es ist besser irgendwo anzukommen.

Irgendwo ist besser
als nirgendwo.

Kritiker und Feinde trinken bezeichnenderweise zusammen.
Sie haben jede Menge gemeinsam.

Pragmatik in der Liebe und mit Frauen

Ich kann das nicht mehr.
Es spielt keine Rolle wie sehr Ich es will.
Es spielt keine Rolle wie sehr du es willst.

Scheiße – verfickt nochmal – verflucht!

Ich bin traurig,
nicht weil Ich dich getroffen habe.
nicht weil es unbeschreiblich war mit dir zusammen zu sein
nicht weil es nicht funktionieren kann
nicht weil Ich mit dir nicht mehr so ungezwungen reden kann
wie damals
nicht weil es nicht länger gegenwärtig ist.
Nicht weil...

Liebe kannst du nicht vortäuschen.

Es war ein Privileg,
und mir ist bewusst dass die Schwere all dessen
es schwierig macht dies zu glauben.
Meine Worte waren einst die Zündung.
Jetzt, kann Ich nicht mal mehr Dinge zum Laufen bringen.
In all dem steckt Schmerz,
jedoch ist es für mich nicht dasselbe wie für dich.
Für mich liegt der Schmerz darin zu wissen
dass Ich alles aufs Neue versuchen muss.
Die Angst, sie verweilt wie ein Öltropfen im Wasser.
Sie lacht mit Ungleichgewicht,
entblößt, gefangen und jämmerlich.

Es gibt nichts zu sagen außer Abschied zu nehmen.
Mit jedem Abschied, verweilt ein Moment,
eine Pause
eine Hoffnung
aber die Realität ist düster.
Nimm mich zurück – bitte – aber Ich kann nicht leben!
Warum?
Warum?
Noch ein letzter Versuch?

Ich ziehe es in Erwägung. Wir ziehen es in Erwägung uns
gegenseitig zu helfen.
Könntest du diejenige sein die den Schmerz lindert?

Fragen...
Fragen über mehr Fragen...
Fragen die jede Frage in Frage stellen,
bis der Haufen sich türmt und die Antworten in weiter Ferne
liegen.

Die Tränen sind es nicht wert.
Wir sollten sie für etwas Wichtigeres aufheben.
Dies ist nicht länger wichtig.

Dies ist nicht länger relevant.

Zünde ein Streichholz an aber ziehe mich nicht hinein.
Es gibt nichts in Erwägung zu ziehen; die Flamme wird schon
bald erloschen sein.

Es ist dumm
frustrierend
ärgerlich
verwirrend
verabscheuungswürdig
und am allerschlimmsten, bedauernswert.

Es ist pragmatisch, und Ich hasse es.
Es ist das Ende
Es ist vorbei
Alles ist vorbei

Die Außenmenschen

Ich kann keinen Kaffee trinken gehen und irgendjemanden
kennenlernen.
Etwas Frisches scheint nicht länger möglich.
Ich wünschte Ich könnte.
Ich wünschte es wäre wie vor Jahren,
als es nicht cool war cool zu scheinen,
als es den Menschen nicht verdammt egal war
was sie dachten,
als man nicht etwas oder jemanden nachahmen wollte.
Möglicherweise bin Ich spöttisch.
Möglicherweise vertraue Ich niemandem.

Ich will an die Menschen glauben.

Das wollen wir alle,
aber diese Zeiten sind so eitel.
Zusammenhangslos dem kläglichen Erfolg verfallen.
Das Licht leuchtet, aber es kann auch zu hell sein.
Ich schaue hinaus auf die Leute.
Die Außenmenschen, so nenne Ich sie.
Ich mache eine Pause vom Schreiben und sehe nach draußen
während sie vorbeigehen.
Ich will mit ihnen reden.
Ich will von ihnen erfahren.
Warum?
Um zu entdecken,
um die Ruhelosigkeit zu erschlagen,
die Geborgenheit
die Sicherheit.
Vielleicht kann Ich etwas von ihnen lernen.
Vielleicht können sie etwas von mir lernen.
Vielleicht ist e seine Zeitverschwendung.
Eventuell...
Jedoch wäre es weniger idiotisch
als darauf zu warten, dass sie mich ansprechen.

Feuerspucker

Ich wurde schon oft gefragt warum Ich Gedichte schreibe,
zu Zeiten wurde mir unterstellte Ich tue es für die
Aufmerksamkeit,
um die Leere bei Partys zu füllen
für ein weiteres Thema einer Dinner Party.
Damit hat es nichts zu tun.
Nein,
Ich tue es für mich.
Ich tue es um eine Therapie zu verhindern:
Ich halte nichts davon für Ratschläge zu bezahlen.

Aber,
davon abgesehen,
schreibe Ich weiter.
Ich schreibe für die Momente wenn Ich keine Pause machen
kann,
für das schneidende Gefühl der Realität des Lebens das
meine Sicht vernebelt,
für die reißende Flut der Angst, Abscheu
und Offenbarung die mich einnimmt,
für die tröstenden Wolken die, wenn sie brechen,
Gelächter auf mich niederregnen lassen,
für Trampel die meine Fingerspitzen einquetschen,
für Vorsprünge ohne Abgrund,
für flache Abhänge die mich nicht stolpern lassen,
für Messer die sich beim Zustoßen nicht biegen,
für Getränke die mich wie Wasser beeinflussen,
für Nerven die mich stetig erzittern lassen.

Für all diese Momente
danke Ich der Poesie.

Es kommt noch mehr:
Poesie hält mich davon ab
jemand anderes zu verletzen
jemand anderes zu verderben
mich in den Zynismus zu verlieben.

Sie ermöglicht mir
alleine zu sein

mir etwas zu geben woran Ich glaube
vorübergehende Erleichterung
mich zu beruhigen
ruhig zu bleiben
mir einen neuen Tag zu geben
mich dazu zu zwingen an ein Morgen zu glauben
die Frustration der Unruhe zu mildern
Ich selbst zu sein
in einer abnormalen Welt wahnsinnig zu denken.
in der man mir sagen wird normal sein zu müssen.
der Konformität fick dich zu sagen,
und dem Etablissement und meiner Vergangenheit,
ein Rebell zu sein
introvertiert zu sein
so zu tun als sei Ich extrovertiert
im Stillen zu schreien
dies loszuwerden
egoistisch zu sein
die Leere zu füllen die nach Aufmerksamkeit verlangt.

All dies verdanke Ich der Poesie.

Ich tue es auch für andere,
für diejenigen die es brauchen,
für diejenigen die nicht schreiben können
für diejenigen die sich niedergeschlagen fühlen
für diejenigen die sprechen wollen.
für diejenigen die auf Uhren blicken und sich wünschen sie
gingen schneller.

Das kennen wir alle.
Meistens schreibe Ich Gedichte um zu vermeiden mich je wieder
derartig zu fühlen.

Wir alle werden es durch das Feuer schaffen,
und die Verbrennungen sind nicht so permanent
wie man uns glauben lassen wollte.

*Die Dinge die Ich bereue bleiben die realistischsten
Momente meines Lebens.*

Abschuss in die Schatten

Wir sind nur so gut wie gestern.
Ich weiß du stellst deinen Wert in Frage.
Du fragst dich,
"Wird es wirklich besser?
Wird irgendein Moment besser sein als die vergangenen
Momente?
Ist jetzt das Beste was jemals sein wird?

Wenn du zurück blickst, schießt du dich in die Schatten
die deine Unsicherheiten erkunden,
aber du wirst herausfinden,
egal wie sehr du versuchst die Vergangenheit einzufangen,
es geht nicht.
Diese Zeit war dem Moment gewidmet,
dieser Erinnerung
diesem Gefühl.
Und -
Es kann niemals wiederhergestellt werden.

Die Schatten sehen es nicht vor
einen düsteren Sinn deiner Zukunft zu erschaffen.
Egal wie hart du versuchst festzuhalten
am Geist, der Unschuld und der Liebe für gestern,
die Härte der Realität
verliert gründlich gegen die Jugend.

Es ist deine Wahl wie du die Gegenwart erträgst.
Du kannst zurückziehen, aber die Vergangenheit wird stets
vertraut sein.
Oder du kannst dich vorwärts bewegen
und niemals zurück in die Schatten blicken.

Wenn du nach vorne schaust, wird dein Leben besser werden.
Neue Türen
neue Menschen
neue Erfahrungen
neue Momente
werden sich enthüllen.

Dies ist die wahrhaftige Schönheit des Lebens,
und du kannst sie finden
solange du dazu in der Lage bist.
Erinnere dich,
aber versuche niemals wiederherzustellen.

Deine Zeit ist kurz.
Verpulvere sie nicht.
Es gibt so viel Licht für dich.
Es gibt so viel mehr für dich.
Heute strahlt schon mehr als gestern,
und morgen ist sogar noch strahlender.
Blicke niemals zurück, niemals.
Ein Leben in der Dunkelheit ist einfach,
aber es ist ein Leben verschwendet durch Reue.
Niemals sollst du Reue wiederherstellen
Niemals an deinen Sorgen untergehen.
Niemals in die Schatten schießen.

Boheme

Ich lebe jetzt,
und Ich lebe in der Vergangenheit.
Manche Dinge ändern sich schrittweise.
Es gibt Fortschritte,
 - sicher, selbst Verderben -
aber am Ende ist es alles das Gleiche.
Die Visionen
Der Zugang
Alles scheint so greifbar zu sein,
aber das ist nur der Schauplatz.
Eine mutwillige Machenschaft,
ein Plan uns vom freien Denken abzuhalten.

Ein getrübter Verstand wird vollständig von unseren Mängeln
produziert.

Es ist einfacher nicht zu sprechen als gehört zu werden,
zumindest aber, höre zu.
Folge einem Weg der dich ruft.
Wiederstehe zu Fragen nur der Fragen wegen.
Finde dich und unterscheide.
Vermeide dem Rudel zu folgen.

Sei ein Rebell.

Aber auch Rebellen bilden Gemeinschaften,
oder nicht?
Ich bin mir nur nicht sicher woran Ich glauben soll.
Sollte Ich einfach weiterhin alleine denken?
Ich bin mir über nichts sicher.

Das ist eine gemeinsame Grundlage für alle.
Beeinflussen unsere Entscheidungen am Ende nur uns selbst?
Vielleicht nicht.

Muss dies so kompliziert sein?
Die meisten machen es sich schwerer als es sein müsste,
denn ohne den Kampf gibt es keine Befriedigung.
Komplimente fühlen sich immer gezwungen an.
Ich weiß nicht wie Ich auf diese regieren soll
wenn Ich weiß sie sind nicht verdient.
Ich weiß nicht wie Ich mich verhalten soll.
Ich weiß es nicht,
und Ich hoffe Ich werde es niemals lernen.

Wie es wiederhallt

Ich dachte Ich wäre inzwischen weiter.
Die Pixel sind Schnaken die mein Gehirn zerfressen.
Es ist gerade mal Donnerstag und Ich denke bereits
darüber nach wann die zweiwöchentliche Einzahlung erfolgt.
Ich werde von Rechnungen angetrieben.
Ein Gefangener am Schreibtisch.
9 Stunden aus Mittelmäßigkeit.
Eine dürftige Mahlzeit zu Mittag.
Morgen, werde Ich genauso glamourös sein.

Eine Generation dem Erfolg versprochen.

Jeder Aspekt meines Lebens ist mit Dreißig festgelegt.
Ich bin 28 und Ich brauche eine Verlängerung.
Ich weiß nicht was passieren wird.
Es ist ohnehin nicht so als könnte Ich es irgendwie steuern,
und genau so soll es sein.
Ich sollte nicht warten:
Es ist das allgemeingültige Zeichen der Höflichkeit,
darauf warten zu schreiben,
darauf warten meine Arbeit zu kündigen,
mehr als zwei Monate darauf zu warten dass sie vorbeikommt.

Aber Ich warte – genau wie alle anderen.

Nenne es Jammern,
aber Ehrgeiz und Leidenschaft sollten nicht zurückgehalten
werden.
Die richtigen Leute gewinnen nicht.
Du musst jemanden kennen um mit jemanden Kontakt
aufzunehmen.
Wer braucht schon Beziehungen?
Verdammt, Ich brauche keine Beziehungen.
Nun gut, Ich schätze Ich brauche Beziehungen.
Wo bekommt man bescheuerte Beziehungen?
Scheiße, das geht nicht ohne Beziehungen!!!
Noch schlimmer ist es zu wissen zu etwas fähig zu sein,
aber dazu gezwungen sein Kompromisse zu machen
im Bezug auf dessen Wert.

Scheißdreck!
Warum kann Ich an keinen Agenten gelangen?
Warum schaffe Ich es nicht ein Manuskript zu verkaufen?
Warum kann nicht irgendwer mein Zeug lesen?
Zur Hölle, Ich nehme lieber einen Anruf entgegen
und lasse mir erzählen wie furchtbar Ich bin, als so lange zu
warten.

Ärger erzeugt ein Kleidungsstück
genäht mit einem dünnen Faden aus passiver Aggression.

Wir wurden trainiert nichts zu sagen.
Gelähmt durch den Stammbaum der Ungerechtigkeit der
Gesellschaft.
Wartend, hoffnungsvoll, wahnhaft:
sie alle verbergen unseren Geisteszustand.
Es gibt diejenigen die Glück haben,
diejenigen die ausbrechen
oder es zumindest scheinen.
Ich kenne einige von diesen.

Sie sind die stillsten.

Verwandelt in Marionetten, beobachten sie uns.
Hin und wieder schreien sie in der Nacht.
Sie tun so als sei es jemand anderes.
Ich höre es wiederhallen.
Ich weiß es sind sie.
Dann, sind wir zusammen.

Durch die Wiederhalle der Sehnsucht.
Durch die Wiederhalle des Erfolgs.

Die Stimmen werden von denen gehört die sie hören wollen.
Ich weiß meine Stimme wird gehört werden.
Vielleicht schaffe Ich es?
Was gibt es sonst zu tun?

Viel mehr Menschen geben sich kreativ
als tatsächlich irgendetwas zu kreieren.

Gib mir einen goldenen Stern und Ich scheiß' Ich drauf

Bitte erzähle mir nicht Ich sei großartig.
Erzähle mir nicht wie gut Ich mich mache.
Nein, sag mir gar nichts.
Schließe mich aus deiner Konversation aus.
Setze mich beiseite.

Wenn du allerdings jemanden zum Schlagen brauchst,
verwende mich als Box Sack.
Nein, beziehe mich nicht in die Abendessen ein.
Nein, erkundige dich nicht nach meiner Familie.
Nein, rede überhaupt nicht mit mir.
Warum würdest du?
Ich bin scheißegal.

Hier liegst du falsch.
Ich sollte keine Angst vor dir haben.
Deine Gewalt ist schwach.
Das Schweigen ist deine einzige Waffe,
aber das habe Ich herausgefunden.

Es ist alles was du hast,
und wenn du auch glauben magst es verletze mich, liegst du
falsch.
Ich lache dich aus, wenn du nicht da bist.
Ich will mich darüber lustig machen wie du dich fürchtest!
Du bist ein Idiot!

Du tust mir leid:
steckst fest,
hoffst Ich komme vorbei,
wünscht dir Ich wäre in der Nähe.
Wen hast du denn noch?
Ich habe jede Menge, Ich habe andere die mich nicht
beiseitelegen.

Ich habe mehr als du.

Du magst mehr als Ich haben,
aber das spielt keine Rolle.
Ich bin ausgefüllt wo es entscheidend ist.
Ich habe meinen eigenen Rhythmus.
und der hat nichts mit dir zu tun.

Aus einem Text an den Ich mich nicht erinnere

Die Reise ist unermesslich und beschwerlich.
Eine leicht zu beeindruckende Höhle.
Voll von
Angst
Mutmaßungen
Gefühlen und Unterlegenheit.

Nur eine Person mit starkem Willen
kann es schaffen.

Angst ist etwas das wir nicht verstehen;
sie ist etwas das von verletzlichen Seelen wahrgenommen wird.

Amaturenabfall
(Spritztouren der Kindheit)

Die leeren Zigarettenschachteln
waren stets heißbegehrt,
Newport auf Marlboro.
Der Luxus dauert solange an wie der Nervenkitzel
der einen am ersten Tag des Monats überkommt.
Staatszuschüsse waren in einer Woche weg,
Lisbon wusste mit freudiger Genügsamkeit zu leben.

Rechts,
mehr Richtung Mitte,
direkt rechts neben dem Lenkrad
war ein Uncle Henry's,
der Vorreiter Craigslist's.
Online, klickt man eine E-Mail an,
in der Broschüre,
knickte man ein Blatt ein und rief später an.

Fast jede Woche besuchten wir Big Apples.
Das Benzin war etwas billiger dort.
Die Anzeigen waren dienstags im Zeitungskiosk erhältlich.

"Ich werd' verrückt, schau hier, das ist ein echtes Schnäppchen!
Das würde er mindestens zehn Mal wiederholen.
Ich denke nicht wir machten jemals ein Geschäft in Lisbon.

Geschäfte schienen nie wirklich Früchte zu tragen.

Es war stets aufregend zu glauben man könnte.

Auf der Beifahrerseite, der Seite die Ich
„meine Seite" nannte,
mischten sich Fast Food-Tüten und lose ausgetrocknete Pommes
mit
Bleistiften
Stiften
zerkauten Green Mountain Kaffeebecher-Deckeln
Moxie Limodosen
und Unmengen an Slim Jim Beef Jerky Verpackungen.

Das Durcheinander sah immer gleich aus.
Im Frühling und Sommer fuhr Ich das Fenster herunter und
ließ Teile davon hinausfliegen.
Manchmal konnte Ich es nicht ertragen.
Dies geschah häufiger im Winter,
wenn Ich es nicht wagte das Fenster herunterzufahren.

Wenn es jemals zu dicht wurde,
wenn es zu heikel wurde die vor mir liegende Straße zu
erkennen,
dann würde Ich es sauber machen.
Er bedankte sich nie.
Ich brauchte es nicht.
Ihm war klar Ich wusste die Fahrt zu schätzen.

Wir sind alle Betrüger,
Schwindler
und Gauner.

Der Schlüssel ist es damit davonzukommen.

Der Grat zwischen Glück und Kampf ist schmal, und man neigt dazu sich mehr dem Kampf zu widmen.

Bis du glücklich?

Nein, einen Moment, antworte nicht so schnell.
Sag nicht ja, nein, oder irgendetwas anderes.
Denke einfach darüber nach.
Denke daran wenn du aufwachst.
Denke an die Menschen in deinem Leben.
Denke jetzt - denke einfach.

Denke nicht an jemand anderes.
Denke nicht darüber nach was sie haben.
Denke nicht darüber nach was du hast.
Denke nicht darüber nach was du nicht hast.
Denke nicht mit deinem Kopf.
Nein...

Denke mit deinem Herzen.
Denke mit deiner Seele.
Denke über heute nach.
Denke über morgen nach.

Denke daran glücklich zu sein.

Tacos mit Guacamole

Sie stand hinter mir,
so weit entfernt als wäre sie gar nicht hier,
sich überzeugend dass weder jemals etwas war,
noch jemals etwas sein würde,
zwischen uns.
Und, zum ersten Mal seit langer Zeit,
machte mir das nichts aus.
Ich brauchte nicht hoffen
oder für möglich halten etwas könnte passieren.

Mir ging es gut.

Wollte Ich ein Ende?
Glaubte Ich loslassen zu müssen?
Nein, das lag nicht in meiner Natur.
Dann also, als wir auf die Fisch-Tacos warteten,
spürte Ich Druck auf meinem Rücken.

Sie lehnte sich an mich.

Es war nichts Außergewöhnliches.
Es war nicht anderes
als ein Freund der sich an einen Freund lehnt.

Es war nichts im Geringsten,

bis Ich fühlte es war alles.
Sie wird das niemals wissen.
Nun ja, das denke Ich jetzt.
Ich wünschte es wäre manchmal anders.

Verletzlichkeit verschwendet die Stärke eines Mannes.

Es spielt keine Rolle; es ist besser zu verkümmern.
Ich schätze Gefühle sind schlimmer für diejenigen die sie haben.
Aber Ich komme damit klar.
Ich lasse sie an mich lehnen.
Wir beide leben die Vorstellungen für den Augenblick.

Das ist alles was Ich brauche...vorerst.

Ich frage mich was sie braucht.

Vielleicht ist dies mein größter Antrieb.
Vielleicht ist es niemand im Moment.
Ich hoffe eine Tages werde Ich es sein.
Das ist egoistisch,
ist es wirklich,
denn man kann nicht auf jemanden warten:
So funktioniert das nicht,
tut es nie und wird es nie.

Eine Beziehung aufbauen ist schwierig dieser Tage.

Eine zu erzwingen ist falsch,
sich eine auszumalen ist endlos,
eine zu erleben ist alles.
Ich weiß nicht was mit uns gesehen wird.
Daher nehme Ich heute Nacht,
Ich nehme was sie mir gibt.

Ihr Seiten

Sie öffnet sich niemandem.
Sie beabsichtigt eine Geschichte zu erzählen,
eine Art und Weise wie sie in Erinnerung behalten werden
möchte.

Einmal, schrieb Ich auf ihre Seiten.

Es herrschte eine gewisse
Zeit
ein Moment
ein Gefühl,
ein Stil der funktionierte.
Ich füllte jede Seite.
Ich schrieb sorgsam.
Sie beobachtete sorgsam.
Ich versuchte eifrig sie zu beruhigen.

Alles was Ich wollte war es seine Liebesgeschichte zu erschaffen.

Zunächst, war es einfach,
dann wurde es anstrengender.
Ich wollte mir nicht einmal mehr ihre Seiten ansehen.
Ich täuschte eine Schreibblockade vor.
Ich wollte nicht von Dingen schreiben die schmerzten:
diese Zeiten
aus betrunkenem Zoff
aus Eifersucht
aus Anmaßung
aus Angst.

Unsere Beziehung zerfiel wegen nichts.

Ich wurde so wütend auf sie.
Sie wiederum war einfach nur bitter.
Aber nach Zeiten der Vergeltung und Empörung,
schlugen wir ihre Seiten um.
Vollständig leer, weiß.
Wir trafen uns.
Sagten nichts.

Wir erkannten wie dumm wir waren,
wie es keine Rolle spielte,
was im letzten Kapitel "vorfiel".

Ich sollte es lassen,
aber Ich kann es nicht lassen mich zu erinnern.

Es sind stets die kleinen Dinge die Ich am meisten vermisse,

die Haare zu Mitternacht,
die Zahnlücke in der Mitte der oberen Zähne,
der Punkt unter dem rechten Auge,
die Knubbelnase,
die Kurve entlang ihres Rückens.
Dies waren ihre.

Sicherlich gab es auch Dinge über mich
die in ihren Seiten
vermerkt wurden.
Ich war nie in der Lage diese zu lesen.
Ich werde niemals die Möglichkeit hierzu bekommen.

Unsere Tage waren gezählt.
Seiten ausgedünnt
bis die letzte erschien,
als die Geschichte zu Ende gehen musste.
Es war so gut.
Ich war egoistisch, vielleicht bin Ich das nach wie vor.
Ich wollte mehr erfahren.
Ich wollte mehr schreiben.
Ich wollte mehr lesen.
Ich wollte sie mehr.
Aber sie wollte nicht,
Sie wollte mich nicht mehr.

Daher schrieb Ich.
Ich konnte es nicht länger aufschieben.
Ich brauchte länger "Ende" zu schreiben
als jedes Wort davor.

Nachdem Ich fertig war, nahm sie ihre Seiten mit sich.
Ich habe kein Bedürfnis an ihnen weiterzuschreiben.

Gelegentlich versuche Ich mich zu erinnern,
sinnloserweise herauszufinden
welchen Teil Ich hätte ändern können damit es funktioniert
hätte.
Ich könne mir für immer darüber den Kopf zerbrechen, schätze
Ich.
Möglicherweise sollte Ich jemanden neues finden.

Jeder Typ kann froh sein in ihre Seiten schreiben zu dürfen.

Sie haben nur keine Ahnung wie sehr
bis sich die Seiten ausdünnen.
Wenn es beinahe an der Zeit ist zu schreiben:
"Ende"

Ich kann dir kein Lied singen,
aber Ich kann dir etwas schreiben
das dich inspiriert einen zu komponieren.

Wegstoßen

Warum stoße Ich Menschen weg?
Warum?
Wenn Ich gerade dabei bin sie einzulassen,
genau dann wenn Ich glaube Ich kann es,
stoße Ich
Ich gebe ihnen einen letzten Stoß.

Ich will wissen wie weit Ich gehen kann.
Es ist ein Test den Ich einsetze um herauszufinden wie treu
Menschen sind.

Ich stoße mich selbst wenn Ich das tue.
Vielleicht ist es falsch von mir,
Vielleicht scheint es gefühllos,
aber wenn Ich zulasse dass sie mich betrügen,
bin Ich der Idiot.
Ich werde zusammen mit den anderen zur Seite gestoßen,
und suhlend zurückgelassen im Elend der
Grausamkeit
Betrug
Lügen
und Einsamkeit.

Ich kann es mir nicht erlauben mich so zu fühlen.
Daher stoße Ich.
Ich stoße.
Ich stoße!

Gibt es jemanden stark genug mich zurückzustoßen?

Ich weiß wenn sie es aushalten,
werden sie für mich da sein.
Im Gegenzug,
werde Ich für sie da sein.

Ich kann es nicht erwarten nicht mehr stoßen zu müssen.

Hierin liegt die Schwierigkeit.
Alle stoßen.
Alle
Wenn wir doch nur aufhören könnten zu
lügen
betrügen
Vendettas.

Dann könnten wir aufhören
Dann könnten wir aufhören
zu stoßen.

Nächte voller Gefechte

Ich brauche nur einen Grund.
Im Ernst, egal was.
Es herrscht Spannung im Moment.
Ich warte auf jeden Moment.
Bier Nummer Fünf starrt mich an.
Es ölt meine Absichten.
Ich will mich einfach schlagen.
Ja, genau – Schlagen!
Ich weiß Ich habe einen guten Job.
Ich weiß Ich habe eine gute Familie.
Ja, Ich weiß es ist eine dumme Entscheidung.
Ich will es.
Ich brauche es.
Es ist nicht der Alkohol der dies verursacht.
Nun gut, vielleicht überzeugt er mich etwas.
Er ist allerdings nicht der Grund.
Es geht um mich und wie Ich empfinde etwas haben zu müssen.
Eine Stimme?
Ich nehme es an.
Ein Mitspracherecht?
Ja, absolut.
Meine Wut flammt in mir auf.
Die Ruhe einer kühlen Sommernacht belügt meinen Zorn.
Wenn doch nur mein Feuer nicht so stark brenne würde.
Niemand geht damit um außer Ich.
Ich bin bereit dafür,
ein Zucken
ein Blick
irgendetwas.
Selbst eine abnormale Atmung könnte mich anstacheln.
Ich will es, aber Ich weiß nicht warum.
Und hier halte Ich an.
Ich blicke einfach das Bier ein.
Es ist fast leer.
Eines noch?
Nein,
fünf ist die Grenze.
Der Barkeeper huscht mich davon.

Ich habe gewonnen.
Nur Ich bin mir dessen bewusst.
Die Tür ist das letzte woran Ich mich erinnere.
Eine Siegesrunde erwartet mich draußen.
Ich werde vom Broadway geleitet.
Die Straßen zeigen mir stets den Weg nach Hause.
Morgen, werde Ich wieder kommen.
Die Getränke werden serviert werden,
Die Bar wird mich erwarten,
und der Kampf wird aufsteigen.
Ich werde bereit sein,
Ich werde es beenden bevor es zu weit geht.

Der Aufbau ist genug.
Manchmal ist es das alles am Ende wert.

Die Schönheit der Menge

Es steckt Schönheit in uns allen.

Wir dürfen sie nicht gehen lassen.
Wenn du deine Schönheit von anderen prüfen lässt,
sei achtsam.
Man wird dich andersartig nennen.
Man wird dich abnormal nennen.
Man wird dich viele Dinge nennen
die durch den Neid eines Anderen entstehen.
Sie werden sich fragen ob deine Schönheit ihre hässlich macht.
Höre nicht auf ihre Fragen.

Vergiss niemals wie kostbar deine Schönheit ist.

Es passierte etwas mit ihnen unterwegs.
Sie haben vergessen und wünschten sie wären rein.
Daher werden sie dich herausfordern.
Du fragst dich ob du wie sie sein solltest.
Möglicherweise, haben sie Recht.
Vielleicht solltest du deine Schönheit ablehnen.
Tu es nicht: das ist genau das was sie wollen.

Nur du alleine sollst deine Schönheit feiern.

Es spielt keine Rolle wie sehr andere applaudieren.
Es folgt eine applaudierende Menge.
Es verlangt Kraft zu schweigen.
Erfahre daher mehr über deine Schönheit.
Gestalte sie jeden Tag besser.

Auch wenn nur du sie sehen kannst.

Es leuchten die Sterne
durch die wahnsinnigen Diamanten in der Ferne.

Belmont

Ich blicke auf die Startmaschine, aber sie ist zu weit entfernt.
Es macht mir nichts aus: die wahre Action findet unter mir statt.
Ich bin froh darüber auf den billigen Plätzen zu sitzen.
Die Tiere erwarten das Freisetzen ihrer Beute.

Massen an Gattungen sitzen in der unteren Haupttribüne.
Männer mit wachsenden Bäuchen rauchen Zigarren
so schnell wie bleistift-dünne Frauen Virginia Slims rauchen.
Frauen verstecken ihre Verschiedenheiten hinter zerbrechlichen,
pfau-artigen Kopfbedeckungen.
College Kids schwimmen in einem goldenen Meer aus Amnesie.
Kinder, die die reinste aller Gattungen bilden,
träumen davon Jockeys zu werden.

Und sie sind gestartet!
Das Feuer der Pistole betäubt uns.
Es herrscht ein Moment vollständiger Stille.
Jeder ist Teil dieses Moments.
Der Start.
Danach, ist jeder auf sich selbst gestellt.

"Komm schon Wicked Strong!"
"Komm schon Medal Count!"
"Komm schon Commissioner!"
"Komm schon California Chrome!"

Ich feuere California Chrome an.
Er wird mir kein Vermögen bescheren.
Die Chancen sehen miserable aus,
aber Ich will Teil der Geschichte sein!

Wir alle halten unsere weißen Wettscheine wie Lottoscheine.
Der einzige Unterschied ist dass alle
auf dem gesamten Weg eine Chance haben.

Über die Zielgerade und alle erheben sich,
Bier wird verschüttet,
einst geschätzte Hot Dogs und hin geklatschte Nachos.
Alle vergessen die Realität
für zwei Minuten und dreißig Sekunden.

Nachdem die Pferde die Ziellinie überqueren,
beginnt es zu schneien.
Inmitten einer Mittsommernacht,
jede einzelne Schneeflocke -
"Belmont, Rennen Nummer zehn, zwei Dollar auf den Sieg der
Fünf"
einst im Besitz von Wert -
"Belmont, Rennen Nummer zehn, fünfzig Dollar auf die ersten
drei Plätze der Drei"
einst im Besitz von Hoffnung -
"Belmont, Rennen Nummer zehn, drei Dollar auf Platz eins oder
zwei der Sieben"
jede einzelne Schneeflocke -
andauernd für zwei Minuten und dreißig Sekunden.

Es ist näher als du denkst

Es wird immer dichter.
Die Huckel tauchen häufiger auf,
bis wir keine Wahl haben
außer uns chaotisch zu zerstreuen.
Als seien wir explodierende Feuerwerke.
Bald schon fallen wir,
der Funke ist erloschen.
Dicht gedrängt, auf ein Neues, suchen wir nach unserem Sinn.

Wohin wird dich dein Leben bringen?

Zahlreiche Wolken wachsen, und
jede schwankt durch unerfüllte Rätselhaftigkeit.
Dem Regen trotzend, bleibt alles trocken.
Es ist kälter, und dies scheint normal zu werden.
Es war gestern auch schon so, und morgen wird es genauso sein.

Zeit sollte nicht einfach so vorübergehen.

Ich verstehen warum manche Menschen es bereuen das Bett zu
verlassen.
Es wäre einfacher durch den Tag zu schlafen.
Sie müssten so nicht den Lärm ertragen,
die Enttäuschung die durch
unerfüllten Sinn entsteht
überflüssige E-Mails
verschlossene Geister.
Sie müssten dies nicht "Leben" nennen.

Und du verdienst es dich zu definieren.

Hindernisse,
von Außenstehenden, von Eingeweihten, von dir
werden stets versuchen dich abzuschrecken.
Laufe von den Einschränkungen weg.
Zur Hölle, laufe vor allem weg.
Dieses Tempo zu erreichen ist zermürbend.
Gib niemals auf.

Manchmal wissen wir nicht wann wir ein Rennen beenden
werden.
Manchmal wissen wir nicht wie wir starten sollen.

Ein Rückspiegel befindet sich vor uns.
Er bittet uns weiterzumachen,
nur noch ein wenig länger.
Er befiehlt uns durchzuhalten.
Dies ist der schwierigste Teil des Ganzen.

Denke daran stets deinen Traum zu verfolgen.

Es ist eine beschissene Entscheidung dies nicht zu tun.
Man scheint zu vergessen
wenn das Blicken in den Spiegel
zu sehr ermüdet.

Nur schwache Individuen widerstehen ihr Spiegelbild zu
betrachten.

Veränderung wird kommen wenn du wartest.
Lichtblitze treffen uns in unerwarteten Momenten.
Sie erinnern uns,
nein,
fordern uns heraus weiterzumachen.

Wir müssen kämpfen um persönlichen Ruhm zu erreichen.

Denke daran zu Glauben.
Selbst wenn die Chancen gegen dich stehen.
Selbst wenn du der Gegenwart überdrüssig bist.
Selbst wenn der Spiegel zu weit entfernt scheint.
Renne, renne auf ihn zu.

Alles was du jemals wolltest ist näher als du denkst

Geistreich

Ein Wort das zu häufig verwendet wird,
in unsere Gesichter gespritzt wie Konfetti,
jeder Fetzen Farbe lüpfend,
ein Abkommen offenbart durch gesellschaftliche Erhabenheit.
Ein vorübergehendes Gefühl aufgeschobener Euphorie.

Auf der Party fragt sich ein jeder,
Warum ist das
Dir
Mir
oder jemand anderem zuvor nicht eingefallen?

Hinterher, küssen die Besenborsten das Konfetti,
Haufenweise herrliches Schrapnell
bereit für den Abfall,
vermengt mit
Bechern
Tellern
und schimmeligen Käseplatten,
vergessene Mengen der Herrlichkeit des Abends,
bis morgen,
wenn alle erneute geistreiche Ausbrüche feiern.

Träume von einem Ort
an dem dein gesamtes Unbehagen dahinschwindet.

Ich täusche vor auf dieser Seite zu sein

Meine beste Seite ist eine die Ich nur wenige sehen lasse.
Hier, bin Ich der lustige Typ.
Freilich, Ich bin auch der Typ der die Schuld auf sich nimmt.
Ich schätze das ist meine Rolle auf der Arbeit.

Ich kann Ihnen nicht meine beste Seite zeigen.

Warum?
Denn wenn Ich dies tun würde
Ich meinen Job nicht hätte.
Ich nicht zu den Partys gehen könnte.

Und um Himmels Willen, Ich könnte nicht noch eine Party
verpassen!

Ich hasse die beschissenen Partys.
Ich hasse es von falschen Freunden umgeben zu sein.

Ich hasse vorzutäuschen auf dieser Seite zu sein.

Milchtüte

Einige Menschen werden niemals wissen wie großartig sie sind.
Das Leben kann zu einer verlockenden List werden.
Wir sind Opfer des Verlangens nachzueifern
einer Person oder einer Sache die wir sehen.
Schalte aus
den Computer
das Handy
den Fernseher
und schließe die Bücher.
Lies nicht mal dieses verdammte Gedicht!

Wie selten denken wir für uns selbst?

Gehen
ist etwas das wir als selbstverständlich hinnehmen.
Denken
ist eine Belastung geworden.

Bis wir uns in einer Position platzieren
in der wir hoffen einbezogen zu sein
in der wir hoffen uns dazugehörig zu fühlen.

Niemand gehört nirgends dazu

Wir sind alle Wanderer,
Reisende ohne Zielort,
vorübergehend auf einen unbekannten Ort zugehend,
eine Existenz
beruhend auf dem Glauben dass wir es eines Tages schaffen
werden.

Wir leben in einer verlorenen Welt.

Ich würde eine sichere Reise wünschen,
aber nichts ist an einer Reise irgendeiner Person ist sicher.

Zurückgenommene Last

(Generation, Millennial)

Beim Gedanken an Millenials,
sehe Ich eine Generation
schikaniert durch den unbegreiflichen Impuls,
freifließender Denkweise verloren gegangen durch
die überwältigende Unermesslichkeit aus Information
entfesselt durch den endlosen Ausstoß von Technologie,

Hobbies die nur wegen ihres Potenzials Freude bereiten
um zu Geschäften zu werden,
die Freuden des Lebens beschleunigt durch die verlockende
Aussicht daraus Gewinn zu erzielen,
Leben beruhende auf den Wert der Geldscheine,

Beziehungen voller Eitelkeit,
Der Stolz auf das Erscheinungsbild wurde zu stetigem Trott.
Der Neid auf Prominente vertreibt
die Leidenschaft anders zu sein.
Das blutige Missverhältnis des Lebens verlangt ein Publikum
bestehend aus einer Meute Gedankenloser die ihm lauschen.

Warum stellt niemand Fragen?
Du fragst dich, welche Arten von Fragen?
Fragen über sich selbst.
Fragen an andere.
Irgendwelche Fragen.
Irgendwelche.
Irgendetwas überhaupt.

Überflüssige Herausforderungen machen fähige Geister
zu minderwertigem Geschwätz
beschäftigt durch die geistliche Verwilderung aus Ablenkungen,
die Priorität des Lebens wörtlich genommen,
Inspiration bezogen aus unaufrichtigen Errungenschaften,
Bewunderungen beruhend auf "Gefällt mir"-Angaben
anstelle von Briefen,
Eindrücke die nur einen Moment anhalten.

Ich fürchte der Begriff "Ikone" wird aussterben.
Ich kann mir nicht vorstellen ein
Hemingway
Fitzgerald
oder selbst ein Bukowski
Lebend zu dieser Zeit.

Wir klopfen uns selbst sanft auf die Schulter
Dafür dass wir uns entschlossen heute aufzustehen.
Sensibilität wird von Zynismus übertrumpft.
Anspruch überwiegt Fleiß.

Diese Generation hat sich zurückgezogen,
eingeschlossen in einer Periskop-Sicht der Welt,
eine begrenzte Sicht geblendet durch die unermesslichen
Möglichkeiten,
gruppieren sich selbst ohne zunächst
anderen Wegen eine Chance zu geben.
Überwältigt von allem
scheint es als ob niemand bereit dazu sei die Last zu übernehmen.

Das Gedächtnis ist ein Nachteil
wenn Erfolg noch erreicht werden muss,
aber die Momente vor der Verwirklichung spannen den
feinen Bogen aus Sehnsucht und Selbstgefälligkeit,
von denen beide zweigeteilte Beschlüsse sammeln.
Wo wirst du enden?
Es hängt davon ab an wieviel du dich erinnern möchtest.

#lifestyle

Das
Jahr
ist
jung
und
Verführung
wird
folgen.

Der Komplex

Es herrscht ein verweilendes Gefühl der Dringlichkeit.
Es scheint durch eine Vorahnung zu entstehen,
möglicherweise von dem tiefen Wunsch herrührend
es zu schaffen.
Es zu tun.
Etwas zu tun.
Eine Wirkung zu haben.

Aus diesem Grund kann Ich gefährlich sein.

Ich würde niemanden verletzen,
aber das lässt mich zurück.
Ich habe kein Sicherheitsnetz.
Fiele Ich gäbe es nichts was mich auffangen könnte.
Also warum tue Ich es dann?
Was soll es bezwecken es entgegen aller Wahrscheinlichkeit zu
versuchen?

Es ist etwas mit dem du geboren wirst.

Diejenigen die es bereits haben versuchten mich zu Fall zu
bringen.
Ihr Widerstand entsteht niemals durch eine Fähigkeit.
Nur Ich kann die endgültige Entscheidung treffen es zu beenden,
aber mein Widerstand begegnet einem Problem:

Ich weiß nicht wie Ich es beenden soll.

Mein Verlangen ermöglicht mir die Bewältigung
der stillen Leere der Ungewissheit ob es passieren wird.
Aber Ich warte darauf.
Ich glaube.
Ich weiß es gibt Menschen, die auf mich zählen.

Niemand wird jemals erfahren wie sehr sie andere beeinflussen.

Aufgeben ist ebenfalls nicht etwas das dich definiert.
Aber, wenn es dies ist, wirst du aufgeben.
Daher solltest du jetzt gehen.
Lasse den Nachfolgern deinen Platz einnehmen.

Du wirst es nicht tun.
Es braucht viele Menschen etwas zu beenden.

Es braucht eine Person etwas zu beginnen.

Der wilde Kreislauf

Manchmal weiß Ich selbst nicht warum.
Es gibt diesen perfekten Rausch,
dennoch habe Ich ständig Angst durchzudrehen,
aber Ich gedeihe dadurch, lebe davon und hasse es zugleich.
Hier, nun schwafele Ich davon
und fühle mich total normal,
hier in einer kleinen Kneipe, genau wie die in Lewinston.
Alles dort ist einfach
und Ich habe es zurückgelassen.
Ich könnte zu jeder Zeit zurück.
Es ist meine Entscheidung, schätze Ich,
aber – Ich entscheide mich dagegen.
Ich weigere mich auch.

Jetzt trommele Ich auf der Bar herum.
Bei jedem Klopfen rufe Ich,
"Wild, Wild, Wild."
Der Barkeeper sieht mich an als wäre es völlig normal.
"Wusstest du dass Ich mich nachts mit dem Licht an hinlege?"
Er lacht weil Ich ihm das schon zehn Mal zuvor erzählt habe.
Ich versuche herunterzufahren,
aber ein radikales Bild dreht sich in meinem Kopf:
Ein verwirrtes Karussell
auf der Westseite des Central Parks.

Während es in die Gänge kommt,
fallen meine Defizite mit der Schönheit des Zufalls
zusammen.
Ich kann es nicht lassen.

Ich glaube an den Zufall.

Meine Überzeugung ermöglicht mir den festen Griff der Trägheit
zu besiegen,
und die Fahrt dreht sich schnelle rund schneller, und die
Wildheit dessen nimmt mich vollständig ein.
Ich steige nicht ab, Ich bitte den Schaffner nicht anzuhalten.
Ich halte durch,
um des beschissenen Leben's Willen, halte Ich durch!
Es wäre einfacher loszulassen.
Ich hätte niemals auf diese Fahrt aufspringen sollen.
Aber wenn Ich das sage, bin das nicht Ich.
Es entspricht nicht der Wahrheit.
Ich stecke fest und bin komplett gefesselt,
süchtig nach dem wilden Kreislauf.

Leidenschaft entsteht durch diejenigen
die es nicht besser wissen.

Der Arbeitstag

Der Aufzug piepst und die Tür öffnet sich im 9. Stock.
Ich hetze zur Stempelstation.
Sie liest meine Hand.
8:59 Uhr.
Gerade noch rechtzeitig.

Ich kann froh sein hier zu sein.

Die Computer-Bildschirme lachen mich den ganzen Tag aus.
Die passiv Aggressiven lassen mich wissen dass Ich keine
Verantwortung habe.
E-Mails...niemand redet mehr.
"Das ist dein Job, nicht meiner. Aber Ich nehme das Lob dafür."
"Oh, Ich meinte du solltest dies tun – nun ja Ich habe mich
umentschieden – tu das."
"Warum ist das noch nicht erledigt? – keine Verzögerungen."

Ich kann froh sein hier zu sein.

Danke dass du mich wie Dreck behandelst.
Trotzdem mache Ich mit.
Ich lächle ein Plastik-Lächeln.
Ich stimme dir in allem zu.
Du wirst den Unterschied kaum merken.

Ich kann so froh sein hier zu sein.

Ich brauche das Geld.
Ich brauche es für das Drecksloch in dem Ich lebe.
Ich muss den Ratten Gesellschaft leisten
wenn sie durch meine Wände sausen wenn Ich versuche zu
schlafen.
Ich muss den Hund füttern der
neben meinem Bett scheißt und pisst.
Ich muss die Wände knallen hören
während mein Mitbewohner eine Frau befriedigt.

Ich kann froh sein hier zu sein.

Es ist ruhig nach 16 Uhr.
Ich nutze die letzte Stunde um Mittag zu essen.
Davor hatte Ich keine Zeit.
Viel zu tun, viel zu tun, viel zu tun – so viel zu tun.
Es ist alles Lärm – aber die Show muss weiter gehen!
Eine Ablenkung von dem was Ich wirklich tun will.

Ich kann froh sein hier zu sein.

Ich freue mich auf später.
Ich setze mich hin und schreibe.
Ja, Ich setze mich hin und schreibe.
An dieser Stelle erinnere Ich mich.

Ich kann froh sein hier zu sein.

Leichtschläfer

Ich schlief in meinem Zimmer ein mit allen Lichtern an.
Ich weiß es wird wieder passieren.
Mein Leben geht so zügig voran dieses Jahr,
erleuchtet durch einen frischen Antrieb.

Ich fühle mich so lebendig.

Jeder kann sich hinter Dunkelheit verstecken.
Aber Ich will mich nicht verstecken.
Nicht so wie Ich es das letzte Jahr tat.
Nein, Ich will einfach nur im Licht sein.

Momentum mit ihr

Die Leere meines Bettes war ungewöhnlich.
Das Summen des Kühlschranks wurde für mich zu einer
konstanten Stimme.
Er lässt mich wissen Ich bin noch immer am Leben.
Die flitzenden Autos rasen durch die Pfützen.
Der Regen ist schon seit Stunden vorbei,
und mit ihm ging sein besänftigender Klang.
Ich sehnte mich nach einem letzten Tropfen.

Die Schatten der Fenster waren Rasierklingen.
Das Licht fraß sich durch.
Ich hatte noch keine Vorhänge aufgehängt.
Die Strahlen schienen auf meinen Boden und
erinnerten mich an ein Konzert das Ich besucht hatte.
Niemand führe in diesem Moment etwas auf.
Ich war die einzige Person in der Menge.
Ich saß,
Ich dachte an all die Dinge die Ich tun könnte.
All die Menschen mit denen Ich zusammen sein könnte,
aber Ich bewegte mich nicht.

Ich blieb wo Ich war, dachte an sie.

Die Erwartung einer Samstagnacht
ist ein kultureller Trugschluss.
Die knappen Freundlichkeiten dümpeln dahin.
Der vorläufige Rausch gibt einen düsteren Ton vor.
Die Kneipen warten,
es ruft.
In einigen Fällen lockt es mit einem Schrei.
Die Begeisterung für
Akzeptanz
Bedeutung
oder jeder Art von Gefühl
wartet am Boden eines schaumig goldenen Glases.
Noch eine Runde?
Füll nach!
Ich bin immer noch auf der Suche danach!
Jetzt schreie Ich,
Ich bin verrückt danach.
Genau wie alle anderen.

Später,
gibt es nichts mehr.
In diesen Zeiten beneide Ich mich selbst.
Die Fähigkeit derartig frei zu sein.
Ich bin nicht länger verängstigt.
Nicht mehr lange, bevor Ich es wieder sein werde.
Es gibt nichts was das lustlose Wesen der Trunkenheit festhalten könnte.
Ich verlor die Fähigkeit mich zu kümmern, wenn Ich dies am nötigsten
hatte,
und es liegt an diesen Zeiten.
Ich weiß
Der Klang der Einsamkeit ist besser als überhaupt nichts zu
wahrzunehmen.

Ich bin unsicher,
aber
Ich denke an sie.
Ist sie die Antwort?
Ich weiß es nicht.

Ohne sie glaube Ich nicht eine Antwort finden zu können.

Sie wiederum sucht nach etwas.
Ist es das gleiche wonach Ich suche?
Vielleicht?
Höchstwahrscheinlich nicht.
Es ist nur ihre Suche alleine.
Daher lernen wir zusammenzuwachsen.
Erinnern uns gegenseitig daran, dass wir zusammen
besser sind.

Jeder kann dich hören,
aber das bedeutet nicht anwesend zu sein.

Ich schätze es war unvermeidlich.
Vielleicht liegt es nicht einmal an mir.
Alleine sein ist zermürbend,
Wenngleich zu Beginn nicht besonders klar
erlaubt es dir zu denken
es lässt dich anhalten
es lässt dich verstehen

das Anhalten eines Momentums ist schwierig.
Es tritt üblicherweise auf wenn am wenigstens erwartet,
In Zeiten in denen du komplett abstürzt.
Wütend sein?
Warum?
Es wird nicht bestehen;
Du wirst wieder Geschwindigkeit aufnehmen,
frisiert für die nächste Fahrt.

Das Licht eines Autos strömt erneut durch die Schatten.
Es bewegt sich nun anders.
Die Pfützen sind abgegrast und zerschmettert.
Ich höre nach wie vor das Summen des Kühlschranks.
Wenn Ich auf mein Bett blicke,
Nach wie vor
ist sie nicht da
Sie war einmal,
Immer
Aber jetzt ruft es wieder nach ihr,
und Ich weiß das nächste Mal wenn die Autos vorbeifahren und
das Licht
den Boden durchschneidet
werde Ich das Summen nicht hören
nachdem Ich ihre Stimme höre.

Sie wird immer mein süßer Liebling sein.

Bleiben will Ich
wild,
naiv
und wahnhaft;
zumindest dann,
bleiben Träume greifbar.

Treibe mit den Anderen oder bewege den Cursor

Die Partys
Der Job
Der Alkohol
Die lächerlichen familiären Erwartungen.

Die Gedankenmörder

Weggespült wie Treibholz im Meer.
Weiter und weiter hinaus treibt es,
Zusteuernd auf die Unendlichkeit des Himmels und des Meeres.

Vergiftet durch die Mörder.

Ein Mann muss allein sein.
Es kann eine beängstigende Erfahrung sein,
aber wenn er es zulässt,
wird er sich selbst besser verstehen.

Die Mörder verstehen sich nicht.

Beantworte nicht die Anrufe,
die SMS,
die gottverdammten Snapchat Nachrichten.
Technologie dient nur der Störung deiner Gedanken.
Ja – es ist wichtig.
Ja – es hat sich als notwendig herausgestellt.
Aber wenn du dabei erwischt wirst wie du einen leeren
Bildschirm überfliegst,
wird der Cursor der darauf wartet die Geschichte deines Lebens
zu schreiben
blinken
blinken.

Warte nicht auf die Mörder.

Sie werden nicht nach deinen wahren Gedanken fragen.
Warte nicht um etwas Großartiges zu sagen.
Nur du musst zuhören.
Sag etwas von Bedeutung.

Deine Gedanken sind rettenswert.
Sie sollen der bescheuerten Welt von dir präsentiert werden.
Niemand kann deine Kundgebungen neu erschaffen.
Die Mörder können es versuchen und kopieren,
ja, die Mörder können stehlen und versuchen anderen etwas
vorzumachen.

Schlussendlich gehören deine Gedanken nicht den Mördern.

Sobald du daran glaubst,
werden die Feiglinge die
tweeten,
SMS Schreiben
und sich nach "Likes" sehen ohne dich davontreiben.
Sie werden versuchen aufwärts zu schwimmen.

Die Mörder werden schon bald vergessen sein.

Du wirst alleine sein.
Die Sonne wird in dein Gesicht strahlen.
Deine Haare werden flackern
während der Wind langsam jede Strähne massiert.
Und du wirst noch mehr nachdenken.
Du wirst noch mehr glauben.

Du wirst noch mehr erschaffen.

Und sobald du fertig bist,
werde Ich auf noch mehr warten.
Der Cursor der
Blinkt
Blink
Blink

Vergnügungsfahrt

Denn wenn du mit mir spazieren fährst,
geht es nicht darum abzuhauen.
Es geht darum anzukommen,
zu finden was als nächstes kommt,
Menschen treffen,
alle Arten von Menschen.

Je seltsamer desto besser.

Ich will keine Sicherheit.
Ich mag die Grenze
zwischen verrückt und wild,
besessen und wahnsinnig,
gnadenlos zu sein ohne rücksichtslos zu sein.

Das ist was Ich will.

Das ist es was Ich nachempfinden kann.
Wenn du das nicht willst,
schlage Ich vor fern zu bleiben
Es wäre nicht genauso wie du es haben möchtest.
Wenn das jedoch dein Ding ist,
begleite mich auf dieser Vergnügungsfahrt.

Alle Straßen zur Jugend enden in Austin, Texas

Wir waren präverbale Kreaturen der Nacht
an billigen Plörren nippend
der Open Mic Nacht lauschend
und auf Optimismus vertrauend.
Eine Gemeinschaft betrunkener Millenials,

unser Geist berauscht von Hoffnung, Angst und Verzweiflung.

Es ist besser hier zu sein
als irgendwo anders.

Ich halte Ausschau nach meiner einstigen Seele,
die die sich danach sehnte zu fühlen.

Die Art und Weise wie dich die Jugend überlistet zu glauben.

Ich sehe zu und kann mir nicht helfen.
Ich vermisse den Sinn für Abenteuer
und die Begeisterung für Optimismus.

Ich habe gelernt die Grenzen meines Lebens verringern sich.

Renne Ich?
Weg von der Person die Ich sein sollte?
Ich bin mir nicht sicher.
Ich versuche daran zu glauben zum Entdecken noch Zeit zu haben.

Ich brauche einen Moment alleine um die Fassung
wiederzuerlangen.

Kelly kommt rüber und fragt, "Bist du okay, Sportsfreund?"
I bin's"
Bin Ich nicht,
Ich bin mir nicht sicher," sage Ich zu Ihr.
Mir ist bewusst, dass Ich die Zeiten beneide an denen Ich mich
verloren fühlte,
Die Zeiten in denen mein Geist rief.

Ich vermisse es meine Jugend zu hören.

Die Gruppe erinnert mich
an Träume die Ich hatte
an Träume die bleiben.
Eine stille Verzweiflung folgt,
eine lebenslange Reise einen Moment zu erreichen.

Wenn wir unseren wahrsten Atem hauchen.

Das Ende der Jugend ist etwas extrem zerbrechliches.
Es entflieht uns in dem Augenblick
in dem wir es uns am meisten wünschen.
Die Gesellschaft setzt uns unter Druck,
nicht im Sinne des Entdeckens,
aber in der Dringlichkeit der Zeit.
Es tickt, klappert und versetzt uns in Rage.
Ich wünschte so wäre es nicht,
aber Ich schätze es muss so sein.
Etwas muss uns darin erinnern wie ignorant das Vergeuden ist.

Zeit ist eine herzlose Meldung dass für immer nicht für immer ist.

Die Nacht,
Ein schwarzer Schleier überschattet eine graue Vergangenheit.
Wir sehnen uns danach alles zum ersten Mal zu erleben.
Aber stattdessen wachsen wir.
Dennoch, widersetzen wir uns.
Bisweilen -
wünschen wir uns sehnlichst zu vergessen.
Zu anderen Zeiten -

wollen wir uns unbedingt erinnern.

Das Zerren überwiegt die Zurückhaltung, und wir stoßen nach
vorne
Selbst wenn es einfacher ist dies nicht zu tun.
Solange wir an die Seltenheit des Lichts glauben,
halten wir an diesem Glauben fest
Denn es ist uns bewusst dass selbst die wahnhaftesten Personen
sich dursetzen.

Eine Erinnerung wird zu einem Opfer der Emotion.

Ein Gefühl der gegenwärtigen Banalität lacht uns aus
während wir uns danach sehnen die Vergangenheit zu
wiederholen,
in unser früheres Ich zu steigen,
als ob wir wiedergeboren wären und alles
zum ersten Mal erleben.
Als der Nervenkitzel der Entdeckung noch frisch war.
Aber wir sind während ersten Erfahrungen abgelenkt.
Nicht in der Lage dazu sie vollständig wahrzunehmen,
nur später dann werden wir zu Opfern.

Geplagt von der Nostalgie.

Aber die Biergläser werden weiter serviert.
Die Lieder hören nicht auf zu spielen.
Die Außenseiter und Ich jubeln einer nächsten Runde zu.
Danny ist auf der Bühne,
dabei ein paar Akkorde zu spielen.
Wir saugen es auf.

Nun bin Ich traurig.
Anders als die Anderen,
Ich bin schon einmal hier gewesen,
und morgen kommt zu schnell.

Ich werde das vermissen.

Wenn der Ausflug vorbei ist und Ich zu meinem täglichen Trübsal
zurückkehre,
werde Ich das noch mehr vermissen.
Und
selbst zu einem späteren Zeitpunkt wenn Ich um einiges älter bin
als jetzt,
nachdem viele andere Geschichten und Erfahrungen an mir
vorübergezogen sind,
denke Ich an heute Abend zurück, denke Ich an genau diesen
Moment.

Ich werde es vermissen.

Erfolg bringt dich nicht um, die Leidenschaft dorthin tut es.

Ich Widerstehe nicht - Ich sollte - aber Ich widerstehe nicht

Ich könnte über sie schreiben.
Es ist nicht immer so mit den Mädels.
Der schlimmste Teil?
Manchmal taugen die von denen du schreibst nichts.
Diese Mädels...sie sind eine schlechte Gewohnheit von mir.
Ich kann es nicht lassen.
Ich halte mich nicht auf.
Es inspiriert mich mehr über sie zu schreiben,
als über die anderen Mädels.

Penne alla Wodka

Es hat -11 Grad Celsius
und Ich halte ein eiskaltes Tablett
Penne alle Wodka.
Es war übrig vom wöchentlichen Meeting.
Ich blieb länger damit Ich es sicherstellen konnte.
Ich konnte es nicht verderben lassen!
Geld ist knapp diesen Monat und jedes bisschen hilft.
Ich wünschte nur es wäre nicht in Alufolie eingepackt.

Ich hetze – versuche meinen Atem vor mir zu schlagen.
Alles ist kalt.
Die Fahrräder sind kalt.
Die Mülleimer sind kalt.
Der Briefkasten ist kalt.
Die verdammte Penne Pasta ist kalt!

Ich kann meine Finger nicht bewegen,
sie schmerzen – und meine Fingerspitzen brennen wie Feuer.
Die Leichenstarre setzt ein und meine rechte Hand steckt fest.
Ich balanciere das Tablett und schüttle die andere.
"Mach schon Hand, hör auf zu brennen."
Das macht absolut keinen Sinn!

Ich rutsche auf schwarzem Eis aus
als Ich an der Ecke 44. Straße und Broadway abbiege.
Ich lasse die Pasta fallen.
Sie verteilt sich auf dem gesamten Boden.
Die Sauce verhärtet sich wie Eis auf einem Kuchen aus Beton.
Die Nudeln werden brüchig,
sind durstig danach unter heißem Wasser zu erweichen.
Mein rechter Handschuh bleibt an der Schüssel stecken.
Ich reiße ihn ab und platziere ihn auf meiner Hand.

Ich laufe die Treppe hoch zu meiner Wohnung.
In dem Augenblick in dem Ich den Post-Bereich betrete,
sind meine Hände wiederbelebt.
Alles woran Ich denken kann ist Penne alla Wodka.
Sollte Ich zurück und es aufsammeln?
Ja – aber nein – das kann Ich nicht.
Es ist wahrscheinlich schon am Boden festgefroren.
Die Ratten werden die ersten sein daran rumzukauen.

Ich komme an meiner Tür an.
Ich bin hungrig.
Ich bin erschöpft.
Hosentasche oder Jacke?
Wo sind meine Schlüssel?
Ich habe meine verdammten Schlüssel nicht bei mir!

Ich werde wieder nach draußen in die Kälte müssen.
Ich werde wieder
In die U-Bahn müssen
zurück zur Arbeit
und die gottverdammten Schlüssel von meinem Schreibtisch
nehmen"

Aber noch vor all dem,
werde Ich vorbei müssen
an der verfickten Penne alle Wodka...

Die UFC Kämpfer

Dies sind die tapfersten Seelen.
Sie müssen es sein.
Sie müssen alles für den Sieg aufgeben.
Im Fitnessstudio gehen keine Stunden vorbei.
Nein, Zeit geht in Tagen vorbei, Wochen und Monaten.
Manchmal lässt die Chance
auf die sie hoffen jahrelang auf sich warten.

Lange Streitigkeiten mit der Selbstdisziplin.
Familie, Freunde, Ehemänner und Ehefrauen werden zu
Fremden.
Sie bleiben versteckt in kalten Sporthallen.
Sie sparen und konditionieren.
Sie hungern.
Sie bleiben konzentriert in einer Welt voller Zweifel,
aber sie dürfen nicht zweifeln.
Sobald sie damit anfangen, verlieren sie für immer.

Nur eine wilde Frau oder Mann kann an diesem Ball bleiben.
Niemand der noch ganz bei Trost ist schließt die Augen,
und stellt sich vor Schläge und Tritte einzustecken,
Manöver vor dem Spiegel durchzuführen,
während man gezwungen ist,
die ganze Zeit,
seinem größten Gegner anzublicken...
sich selbst
sich fragend, sich fragend,
bin Ich gut genug?
Richtig, aus diesem Grund werden sie Kämpfer!

Sie haben sich angetrieben
an die Grenze menschlichen Wahnsinns.
Barrieren sind nur einen Schritt entfernt,
es wäre so viel einfacher für sie zu springen.
Genau wie der Rest von uns.
Aber sie tun es nicht,
sie blicken nach unten und können es nicht aushalten schier
sterblich zu sein.
Der Sinn ihres Lebens hat nach mehr verlangt.

Der traurigste Teil, für die meisten
wird das Portmonee stets knapp sein.
Das Portmonee verschwindet vermeintlich vollständig.
Das Alter hat zu viele Opfer gefordert,
und selbst die Besten haben eingesehen
dass das Alter alles beendet.

Für die Auserwählten
diejenigen die keine dieser Tatsachen akzeptieren können,
diejenigen die an nichts anderes denken können,
sich nichts anderes vorstellen können,
diejenigen ohne Furcht,
diejenigen bereit zu sterben,
diese Art Mensch die wir uns wünschen
nur einmal, zu sein
diejenigen auf die wir aufpassen,
diejenigen für die wir beten,
diejenigen für die wir uns quälen,
diejenigen für die wir weinen
sei es im Sieg oder der Niederlage,

ein Leben, ein Kämpfer
der UFC verpflichtet

Verleugnung ist eine Tugend.

Die gegenüberliegende Seite der Zeit

Zeit,
es ist der beschissene Hubschrauber in deinem Rücken.
Der über jeder Bewegung schwebt.
Eine gottverdammte Erinnerung an das was du haben wolltest,
und
daran wie wenig du hast.

Ich bin immer am Hetzen.
Hetzen
Hetzen...
Zum Teufel mit dir, Hetzerei!

Ich lege mich nicht auf "Es hat nicht sein sollen." fest.
Nein,
verpiss dich, wenn du das glaubst.
Ich werde es schaffen.
Ich bin verdammt nochmal zu stur.
Ich bin verdammt nochmal zu ehrgeizig.
Ich bin verdammt nochmal zu verrückt.

Ich werde dort ankommen.
Das werde Ich!
Die Zeit allerdings,
wird nicht auf meiner Seite sein.

Amerikanisches Schachspiel
(Alltägliche Unehrliche Helden)

Die Kinder werden lernen,
wie sie zu manövrieren haben,
taktieren,
und tänzeln.
Sie setzen auf Mitgefühl
und wenden Emotionen an um ihre Unfähigkeit zu verbergen,
ihre Leben als Köder.

In diesem Spiel des Lebens,
setzt man auf Schlupflöcher,
sie werden zu Meistern der sozialen Täuschung,
entlarven Eifer,
Disziplin,
und Hingabe,
trainiert alles abzulehnen
was voller Verantwortung scheint,
geschult in passiver Aggression
zu nichts verpflichtet –
durch nichts entstanden
durch nichts bewegt
nichts
überhaupt nichts.

Die Lehrer werden sie dies lehren
denn die Lehrer waren einst die Kinder.
Die Thematik verschleierte
eine schillernde Darstellung subtiler Anpassungsfähigkeit.
Verwirrt durch die Lehrer,
verwirrt durch die Eltern,
wird ihnen beigebracht verwirrt zu sein
durch diejenigen die sie am meisten bewundern.

Wir wachsen in einer Gesellschaft auf die
uns wegwirft
uns belohnt
uns kennzeichnet.
Viel zu schnell findet es einen Weg uns zu verniedlichen,
sodass die Erwachsenen weiter gepflegt und endlos
gegeneinander kämpfen können.

Doch wie schnell wenden wir uns um
wenn wir keinen
Applaus erhalten?
Dann wird das Böse freigesetzt.
Das Wachstum von allem wird gedämpft.
Der endlose Wunsch danach
erwünscht und angesehen zu sein,
ein Irrglaube der in einer
Haltung aus Prestige platziert werden muss,
eine Vorhersage des Verlusts unseres Potenzials,
das haben wir gelernt.
Und daher,
werden Amerikaner gezeugt um sich zurückzuhalten.

Man sagt die psychische Gesundheit wird uns retten,
aber wie können wir dem Therapeuten glauben der eine
Therapie braucht
oder uns Tabletten verschreibt damit wir bleiben -
auf sie angewiesen sein
sie bezahlen,

die Steuergelder der härtesten Arbeiter
ausgegeben für diejenigen die
schauspielern,
die eine schlechte Erziehung hatten,
die wissen Manipulation ist besser als jedes Talent?
Sie spielen das feinste Spiel.
Der Fortschritt des Landes wird durch das Spiel verkümmern.
Die Angst des Versäumnis wird Feuer fangen.

Ein jeder wird brennen durch den
unerträglichen
begreiflichen
Wahnsinn
des Spiels.

Für diejenigen die für Ehre kämpfen,
die sich versteckt halten und erschaffen,
wird der Würfel rollen,
die Nummern werden lügen,
und sie werden niemals das Budget sprengen.

Wenn das Kind
heult
fleht
und seine ehrliche Antwort gibt,
weisen wir sie als schwach zurück.
Wenn das Kind
still ist
versucht sich das Leben zu nehmen
dort wo er sich hinter den Fesseln der Täuschung versteckt,
nennen wir es tapfer.
Das Land gibt ihm Geld, ein zu Hause, Essen, und einen
Therapeuten.
All die Aufmerksamkeit
die es jemals von den USA erwarten könnte.

Ehrlichkeit ist gefährlich.
Diejenigen die Wahrheit in sich tragen
werden zu naiven Opfern des Spiels.
Es wendet sich gegen sie.
Es isst sie auf.
Es macht sie zu Arbeitsbienen,
verwirft den Intellekt den sie bergen,
platziert sie weit entfernt von
Kontrolle
Innovation
und platziert sie stattdessen unter die Leitung von Monstern,
diejenigen die sicherstellen dass Weiterentwicklung in sich
zusammenfällt,
als sei es eine Brücke,

in einer derartigen Länge,
doch so wie der letzte Pflock steht
die gesamte Konstruktion zusammenbricht,
nur damit das Projekt auf eine neues begonnen werden kann.

Das ist Amerika.
Das ist der Preis bezahlt von hart arbeitenden Personen.
Das ist das Land der Freiheit.
Das ist das Land der Sorglosen.
Wir sonnen uns in einem traurigen Durcheinander,
Chaos vermischt mit überwältigender Ignoranz beruhend auf
dem Aufschub der
Entwicklung
Möglichkeiten
und Ambitionen.

Die Regierung erzählt uns was wir hören wollen.
Die Medien berichten uns
was immer jemand anderes ihnen bezahlt um es uns zu berichten.
Die Menschen schenken ihnen Glauben,
geben Ihr Leben
um sich anzuhören was man ihnen erzählt zu tun.
Sie folgen wie eine Herde Antilopen zur Wasserstelle.
Nichts mehr suchend als
die einfachste Wegweisung
um zu essen und Essen zu verdauen
es dann auszukacken;
um dann, wenn sie wieder hungrig sind,
das nächste Mahl aufzusuchen.

Bewegungen bleiben glühend heiß ohne eine Richtung.
Unsere Intuitionen erschlagen.
Der Geist eines jeden Mannes aus ihm gerissen
bevor er Zeit hat sich zu verpflichten.
Die düstersten Tage verdunkelt
durch die drohende Enttäuschung.
Die innerliche Ungläubigkeit.
Die Fänger erwarten ihre Beute,
Die Beute bereits bezwungen.

Großartige Männer in Verkäufer verwandelt.
Verkäufer verwandelt in Präsidenten.
Wenn doch nur die Papiere von Beginn an leer wären,
würden uns die Lehrer erlauben zu entdecken.
Wenn doch nur die Ziele zusammenhängend wären,
dann könnte Fortschritt siegen.
Wenn nur das Spiel nicht existieren würde,
dann, würde der Wahnsinn keinen Verstand ruinieren.

Ein schillernder Umhang wartet darauf sich über unsere Augen
zu legen,
die Aufmerksamkeit weggenommen
durch diese Ablenkung -
oder jene Ablenkung,
durch noch mehr wartende Ablenkung,
bis nichts mehr klar ist.
Nebel schwebt vor uns,
lässt uns bescheiden bleiben.
Und wenn wir es wagen daran vorbeizublicken,
werden sich unsere Augen schließen,
verschlossen bleiben,
bis wir wieder selbstzufrieden sind.

Es kann dich runterziehen.
Schuld kommt als nächstes,
beflügelt von deinem intellektuellen Antrieb
durch tiefe Gedanken.
Venen erhabener Reflexion pumpen
und wenn sich Blut ansammelt,
vermittelt es ein trostloses Gefühl der Hoffnungslosigkeit.
Jedes Glied deines Körpers
wird schwer und es wird schwieriger sich zu bewegen.

Aber die ergebenen Suchenden entspringen hieraus.
Sie glauben an Reinheit.
Sie inspirieren die Minderheit zu glauben
dass es sich ändern muss.
Die Begeisterung zieht sie aus den irrsinnigen Machenschaften
des Lebens.
Stehend,
auf einem Schachbrett ohne Figuren.
Wo sich nur die Felder bewegen.
Jeder Schritt vom Schachbrett beherrscht.
Nicht wissend
aber glaubend
dass es möglich ist
es zu bewältigen.

Schritte der Stadt

Das Ende der Woche -
Unbeholfen grinsend ohne Grips.
Schritte der Stadt erklingen auf den Gehsteigen
erzeugen eine elende Melodie des Kummers.

Entschlossen zu lauschen
schließe Ich meine Augen,
bewege mich nicht.

Was für eine Stadt.
Was für ein trauriges Lied.
Was für eine seltsame Art und Weise meine Seele zu trösten.

Kopfzerbrechen ist ein gebürtiges Opfer des Lebens in New York City.

Fehler

Es wurden Fehler gemacht.
Bedauerlicherweise
wurden viele Fehler gemacht.
Ich hoffe dass du nicht ganz so viele angesammelt hast.
Ich hoffe dies wirklich nicht für dich.

Aber,

falls du welche gemacht hast, macht dich nicht fertig.
Stöbere nicht in der Vergangenheit herum.
Es ist ein wahnhaftes Elixier.

Und,

wenn du es lässt,
wird es in deinen Adern hausen.
Es wird in jedes Organ eindringen,
und in deine Seele sickern.

Aber,

halte es auf bevor es in dein Herz sickert.
Ja, Fehler sind hierzu in der Lage.

Und,

Ich hoffe es sind nur wenige und vereinzelte.
Ich hoffe du hast den Mut dir selbst zu vergeben.
Ich hoffe du kannst tapfer sein,
denn Fehler wird es immer geben.

Gieß es über mich

Die Welt ist nicht derartig schlimm.
Ist sie wirklich nicht.
Wir machen es beschwerlicher.
Es rührt aus
Dingen die wir nicht brauchen,
Orten an denen wir lieber sein würden,
Menschen die wir niemals sein werden.

Für mich ist es anders.
Für uns ist es anders.
Und die Hindernisse unseres Lebens bedeuten nichts.
Sie sind ein Samthase,
der uns zu einem phantastischen Trugbild der Irreführung lockt.

Es benötigt Mut mit deinem Leben glücklich zu sein.
Es ist okay glücklich zu sein.

Begreife was du wirklich willst
und höre niemals auf bis du angekommen bist.
In diesem Spiel gibt es keine Regeln.
Die Punkte werden vor, während und nach dem Spiel gemacht.
Manchmal sind Punkte völlig egal.

Die Welt ist gar nicht so schlimm.
Neid und Unterordnung macht uns zum Verlierer.
Sieger kämpfen niemals.
Sie wissen es besser.
Wenn du mir immer noch nicht glaubst, ist das okay.
Du musst einfach nur draußen spazieren gehen wenn es regnet.
Dann werden Dinge wieder klarer.

Der Verlierer

Ich hatte sie das letzte Mal vor drei Monaten gesehen.
I gestehe die Ansammlung leerer Flaschen und Gläser
wuchs rasant an als Ich ein Gefangener der Zeit war.
Ich rief sie an und schrieb Ihr SMS zu späten Stunden,
der Zusammenhang niemals aufrichtig,
die Fragen stets zweideutig,
ein, "Kann Ich vorbeikommen?"
oder, "Wir sollten uns treffen,"
Ihr Telefon brummend in den Dämmerstunden von 12 – 3 Uhr
morgens.

Das muss sie fuchsteufelswild gemacht haben.
Ich bin dadurch angewidert.
Aber, trotz meiner ekelhaften Missachtungen,
kam sie eines Nachts.
Sie sah umwerfend aus,
genau wie sie das immer tat.

I wünschte wir hätten den ganzen Mist aufgeben können,
eine unmittelbare Folge meiner vergangenen Handlungen,
meine Selbstsucht
meine Lasten.
Ich wollte alles vergessen und diese Nacht genießen.

Die Glühbirnen entlang der Querbalken über der Bar hingen
niedrig,
strukturierte Strahlen Küsse zuwerfend
in den späten Stunden des Sommerhauches.
Sie küsste mich damals nicht.
Sie sagte mir Ich sei ein Verlierer,
eine Enttäuschung und eine komplette, beschissene
Zeitverschwendung.
Wenn sie nur wüsste wie richtig sie lag.
Ich hätte Ihr das bei unserem ersten Treffen schon sagen können.

Sie war aggressiv,
hoffte mich zu Grunde zu richten

.

Es war ein Weg für sie sich wieder hineinzuschlängeln
und unsere Auseinandersetzung abzuändern.
Sie hielt an der hoffnungslosen Überzeugung fest dass
wir uns einigen könnten.
Ihre Herangehensweise enttäuschte mich.
Wenn es doch nur mehr Mitgefühl gegeben hätte,
vielleicht hätte es funktionieren können.

Menschen machen allerhand Behauptungen
um das zurückzubekommen was man ihnen genommen hat.
Zur Anstiftung
eines Aufstiegs
einer Reaktion
ein Test zum Unterdrücken bereit
eine Auswertung ihres Ranges.
Es ist hart sich zu verteidigen
wenn du der schwächste Spieler in deinem eigenen Team bist

Ich sagte nichts:
Ich war ein Verlierer.
Ich fragte mich ob all diese Schriftstücke
die Ich angesammelt hatte es wert waren sich zu trennen,
oder ob sie Recht hatte und Ich weitermachen sollte.

Ich begann zu zweifeln.
Sie würde es nicht verstehen.
Sie wusste nicht dass sie nur eine Verehrerin war.
Sie würde niemals glücklich sein mit mir umzugehen.
Aus diesem Grund ließ Ich es nicht zu.
Denn Ich kann nicht an mir zweifeln,
und niemand weiß wirklich mit niemandem umzugehen.
Dessen, bin Ich mir sicher.

Vielleicht wird sie eines Tages diese verdammten Worte lesen.
Wenn Ich Glück habe werden sie Dinge begreifbar machen.
Möglicherweise wird sie die Erklärung erhalten die sie brauchte.
Ich hoffe sie kann abschließen.
Sie wird erkennen dass es nicht wert ist mit einem Verlierer umzugehen.

Mein Leben könnte besser sein, wenn Ich nicht darin leben müsste.

Ich würde mit meiner Seele bezahlen, aber wir sind pleite Baby

Ich gestehe es ein; Ich habe es dir nicht leicht gemacht.
Nein, Ich kannte mich niemals selbst gut genug.
Ich konnte ebenfalls niemals ausmachen wer du warst.
Ich schätze Ich verließ mich drauf zu glauben
wir wären etwas woran man glauben sollte.

Zwei Jahre dieses Zirkus.
Zwei Jahre aus Versuchen etwas zu reparieren.
Zwei Jahre aus fehlenden Teilen.
Zwei Jahre aus Instandhaltung.
Zwei Jahre...

Ich bereue es nicht.
Ich erinnere mich noch an den Moment an dem Ich dir verfiel.
Dieser Sommer – Ich habe mich niemals lebendiger gefühlt.

Ich sah in dein Gesicht.
Ich wollte es für alle Zeiten ansehen.

Ich bin mir nicht sicher was sich geändert hätte
wäre Ich in Maine geblieben,
hätte Ich angehalten und wäre zum Strandhaus umgekehrt.
Die Tränen strömen mir über die Wangen,
Atlas Hände summen in meinen Ohren.
Nur die Kühle des Fensterglases lenkte mich ab.
Mir ging der Arsch auf Grundeis wenn Ich daran dachte was passieren würde
in New York, New York.
Alles änderte sich.

Du kamst wegen mir – Ich wusste du würdest.

Aber Ich kannte dich damals nicht.
Wir mussten von vorne beginnen.
Nachdem wir voneinander erfahren hatten,
stellten wir fest dass es nicht richtig war,
aber wir hielten an diesen Sommer fest...

Das ständige Schluss machen,
hat mich zurückgelassen.
Ich fragte mich jeden Tag ob Ich in der Lage sein würde zu begreifen.
Ich wollte auch das wir begreifen – begreifen – einfach begreifen,
aber Ich schätze es ist nicht so einfach.

Ich arbeite, brachte Opfer und hoffte auf das Beste.
Es gab so viele Momente in denen Ich aufgeben wollte.
Aber – Ich fühlte mich nie so echt wie mit dir.
Ich wusste du wolltest das Gleiche fühlen.
Aber – Ich spürte du konntest das nicht.
Du schienst nicht bereit.

Du warst ein zerbrechliches Reh,
Ich wollte dich starker machen.
Es war mir wichtig dass du dich stärker fühlst.

Du kannst nicht stark sein wenn die Person die du liebst schwach ist.

Es verlangt Stärke alleine zu sein.
Ich denke nicht einer von uns beiden hatte genug davon,
um alleine zu bleiben.
Nun ja, bis jetzt.

Mein Herz hat einen kleinen Riss.
Er ist von Zeit zu Zeit undicht.
Er erlaubt den Austritt einen Teil deiner Liebe.
Das ist etwas das Ich nach wie vor repariere.

Aber –
Ich bin verärgert, müde und gebrochen.

Ich muss es hinter mir lassen.

Du musst es hinter dir lassen.

Ich erinnere mich an dich im Licht.
Ich will selbstsüchtiger Weise die Zeiten vergessen in denen Ich
dich in der Dunkelheit platzierte.
Ich weiß du fühltest dich gepeinigt.

Ich weiß du dachtest du gäbest mir alles.
Ich weiß du dachtest Ich täte dies nicht.
Und das ist in Ordnung – denn dies ist dein Recht.
Bitte sei dir jedoch im Klaren,
Ich habe deine Hingabe nicht vergessen.
Wie könnte Ich etwas derartig wertvolles jemals vergessen.

Fuck, das ist Scheiße!
Schon schlägt mein Gemüt wieder um.
Ich würde dich in diesem Moment anrufen.
Ich würde es erneut versuchen...
Du würdest hier sein, Ich weiß es.
Aber Ich halte hier an...
Ich muss anhalten...

Ich erinnere mich an dich vor zwei Jahren.
Ich erinnere mich an dein dunkles Haar.
Ich erinnere mich an deine perfekten Lippen.
Ich erinnere mich an deine Verletzlichkeit.
Ich erinnere mich an dein Gesicht – für immer.
Ich erinnere mich daran wie wir uns verliebten.
Ich erinnere mich an deine Liebe.
Ich erinnere mich an unser – nein – dorthin lasse Ich mich nicht
gehen.

Denn Erinnerungen sind nichts weiter als vorübergehende
Glückseligkeit.

Und Ich beschließe mich heute Nacht an dich zu erinnern.

Sieh nach rechts

Es ist 5 Jahre her als Ich das letzte Mal
aus der linken Seite des Autos blickte.
In Taxis, setze Ich mich stets so dass Ich Long Island City sehe
durch
die Kabel hindurch die die Queensboro Bridge halten.
In der Ferne, beinahe das Wasser berührend,
blutet das neonfarbene Coca-Cola Schild
auf den Gantry State Park.

Roosevelt Island ist nur schwierig mit der U-Bahn zu erreichen.
Daher mache Ich während der Mittagspause, Spaziergänge
entlang der 59. Straße
und unterquere gigantische Überhänge aus Brücken
Jahre gebaut bevor Ich geboren wurde.

Ich gelange ans Ufer,
und reflektiere.
Gemeinden unterteilt durch Flüsse und Bäche.
Nur hier kann Ich nach links blicken.

Launische Narren

Wir sehnen uns nach einem Gefühl der Zugehörigkeit.
Daher vertrauen wir schnell.
Es liegt in unserer Natur.
Ein wichtiges Opfer unserer menschlichen Bedingung.

Dies hinterlässt und anfällig für Schwäche,
Bei Zeiten verkrümmt und verbrannt,
dann wenn wir uns wünschen düstere Himmel würden
Sonnenstrahlen bluten.

Jeder ist zu beschäftigt,
konzentrierend auf Ablenkungen,
Wert und Integrität vermeidend,
und ohne diese stolzieren wir in den Straßen von
Manhattan,
uns selbst austricksend.

Wenn wir doch nur einsehen könnten wie
vollkommen rastlos wir sind.
Es würde helfen wenn wir für einen
Moment anhalten könnten
um nachzudenken
um in Frage zu stellen
um etwas mit Substanz anzuerkennen.
Aber wie ist dies möglich?
Wir sind nichts als launische Narren.

Hoffnung und Zynismus sind wie Männer und Frauen,
kompatibel am Ende des Lateins.

Ein Schnaps um die Einsamkeit zu vergessen

(Neues Jahr, selbe Zeit)

Die Straßen waren nicht mein Ding letzte Nacht,
aber Ich bin dennoch in ihnen umhergewandert.
Das Jahr ging vorbei
und Ich, nun ja, Ich wusste nicht wer Ich werden würde.
Ich hatte meine Freunde auf der Party zurückgelassen
nachdem wir einen letzten Schnaps getrunken hatten.
Noch ein letzter Schluck, zur Feier des Vergessens.
Oder zumindest
um die Enttäuschungen zu heilen
die vom letzten Jahr übrig waren
und von diesem Jahr übrig sein würden.

Und als Ich auf der Straße ging,
begann Ich zu vergessen mich zu erinnern.
Es schien keine Rolle zu spielen damals, oder jemals,
denn die Erinnerung schien
der schlimmste Teil von allem zu sein.
Ich fühlte mich nicht schlecht dabei an sie zu denken,
aber Ich fühlte mich vor allem schlecht dabei an sie zu denken
während Ich unterwegs zu einer anderen war.
Ich ging weiter in der Hoffnung der Schnaps würde seinen Effekt
zeigen.

14. und 3. Straße – Ich hatte die Hälfte bereits geschafft.
Ich winkte das Taxi heran aber es hielt nicht an,
seine Kennzahl gedimmt.
Ich war zu blind um den Unterschied zu erkennen.
Nach vorne blickend sah Ich eine Parade, eine lange Reihe aus
Einzelgängern,
ein Gemisch aus Schwarzmalern.
Sie würden an diesem Abend das Beste daraus machen.
Sie würden ebenfalls versuchen zu vergessen.
Und Ich war dabei zu vergessen.

Langsam das Treppenhaus hinunter schleichend, die Luft war rein.
Ich versteckte mich hinter dem Neon-Schild des
Reinigungssalons.
Mein Hem war schmutzig. Ich hätte es abgeben können.

Der Urin traf beinahe meine Zehen,
aber Ich fühlte mich anschließend erleichtert,
und es half dabei mein Ziel zu verdeutlichen.

Ich ging schneller.
Die Arme eines weiteren Schwarzmalers warteten!
Ich würde bald in Ihr sein.

Das Auto schwenkte aus und durchnässte mich beinahe,
die Pfützen entstanden aus einem tiefen Riss im Gehsteig,
das Geld des Steuerzahlers gut investiert.

Die Verwirrung war tragisch,
Die Ziffern am Gebäude waren nur verschwommen lesbar.
Rechte Seite gerade – linke Seite ungerade
Wo zum Teufel ist 369 29. Straße?
Ich bin zu müde hierfür.
Ich bin zu betrunken hierfür.
Ich bin zu nostalgisch...wegen Ihr.

Ich hielt bei einem Geschäft an und besorgte Proviant.
Die Kondome waren notwendig,
und Ich benötigte die Garantie geschützt zu sein.
Die Tüte Chips mit Party Mix – nun ja die galten der Sicherheit.
Etwas um mich daran zu erinnern dass Ich mal jung war.
Dinge waren damals weniger kompliziert.
Eines Tages, werden die Dinge langsamer werden.

Zum 8. Stock und Ich stürme hinein.
Der Baum leuchtet immer noch, die Geschenke weg seit einer
Woche,
Ich spitzte durch die Tür.
Das Knuspern der Brezeln weckte sie auf.
Ich legte sie ab – die ganze Packung – und entkleidete mich.
Langsam spitzte Ich unter die Decke
gerade genug, um den Glanz ihrer Nerven aufzuscheuchen.
Keiner von uns beiden wusste was vor sich ging,
aber wir würden es geschehen lassen.

Ich schälte sie langsam aus ihrem Morgenmantel
und Ich stellte fest sie hatte sich auf mein Erscheinen vorbereitet.

Schwarzmaler in Schwarzmaler stoße Ich langsam,
halte mich am Metallrahmen des Bettes fest.
Geduldig die Schritte nachzählend notwendig für -
für Ihr vorheriges Ich.
Es funktionierte – aber Ich war – Ich konnte nicht -
mein Kopf zu voll.
Ich hörte nicht auf – Ich konnte nicht – Es wäre unfair.
Aber Ich wollte es.

Ich wich langsam zurück nach ihrem Höhepunkt.
Ich hielt mich vor der Maßlosigkeit zurück.
Dort verblieb Ich.
Mit Ihr – aber darauf harrend wieder auf der Straße zu sein.
Gehen – egal wohin
Vielleicht zurück zur Kneipe?
Zurück zu den Schnäpsen?
Dorthin zurück wo Ich mich nicht erinnern musste?

Es war in diesem Moment, mit einer anderen,
in dem Ich es nicht konnte,
Ich konnte sie nicht vergessen.

Der Pfad der Feder

Ich denke jeder überall kann wohin er möchte.
Und, nein, Ich meine nicht im Kopf.
Nein, dies schwebt und schwingt wie die lose Feder eines Vogels.
Sie fällt in Gegenden diktiert von den Elementen.
Lieber greife Ich die Feder und
stecke sie dorthin wo sie hingehört.

Es ist himmlisch friedlich,
als ob du einem Lied lauscht
und aus keinem anderen Grund zu weinen beginnst
als dem dass du es wunderschön makelhaft findest,
genau wie du,
genau wie jeder.

Es ist besser es einfach hinzunehmen.

Oder wie die plötzliche Schauer
den man nach dem Lauschen einer tiefen Stimme wahrnimmt
der all das besänftigt was Unbehagen aufwühlte.
Es spielt keine Rolle und die Gänsehaut breitet sich aus,
und dies ist das einzige Gefühl das du haben willst.
Es ist einfach perfekt.
Es ist traurig, aber auf die fröhlichste Art.

Ich frage mich wohin die Feder als nächstes fliegt?
Ich folge dem Wind bis Ich den
Pfad der Feder aufgeben will.
Dahintreibend – bin Ich behindert durch
eine Strecke von irgendetwas und irgendjemanden angeführt.

Sex

Guter Sex ist schwer zu bekommen.
Es hat nichts mit dem körperlichen Akt zu tun.
Verdammt, es fühlt sich gut an, egal wie schlecht oder wie oft er ist,
und das ist mein Problem.
Es ist nur gut wenn du dich wohlfühlst.

Ich genieße jeden Aspekt zweier zusammenkommender Personen
ein jeder völlig verletzlich,
ein jeder völlig begierig,
aber genau dann passt guter Sex oftmals nicht rein.

Das Tempo mit dem wir Sex haben ist zu schnell
zu eilig
zu kurz
zu unreif.
Du lachst,
aber genau aus diesen Gründen solltest du nicht.

Hattest du jemals Sex mit jemanden
und es umgehend bereut?
Hattest du jemals Sex und dir gewünscht du hättest gewartet?
Hattest du jemals Sex und dachtest dir du wünscht es nicht getan
zu haben,
denn du hast es aus den falschen Gründen getan?
Vielleicht kommen diese Fragen zu einem späteren Zeitpunkt
nachdem der Nervenkitzel des Aktes erloschen ist.

In letzter Zeit, fühle Ich mich als sei Ich
und die Frauen mit denen Ich Sex hatte billiger geworden.
Nachdem es vorbei ist, sagt niemand ein Wort.
Ich tue es denn Ich will mich nicht verfangen.
Sie tun es denn sie wissen
dass Ich genau das denke.
Früher genoss Ich Sex, selbst nachdem er vorbei war.
Jetzt genieße Ich es,
aber danach, kann Ich es nicht abwarten bis es vorbei ist.

Sex, als schnelle Lösung, ist chronisch glücklos.
Lust ist eine Sucht,
und sie entsteht durch die Abwesenheit von Bestätigung.
Daher gehen wir vorwärts und versuchen etwas zu finden das
nicht da ist.
Eine eigennützige Erinnerung daran dass wir begehrenswert sind.

Nur wenn wir warten,
wenn wir uns Zeit nehmen hinwegzusehen
über die Eitelkeiten verbunden mit Sex,
einhundert Nächte aus Gesellschaft einzutauschen
für eine aufbauende Nacht
wenn es gut ist,
wenn es so gut ist
dass du es niemals mehr mit jemand anderen tun willst.
Es ist jedoch schwer zu bekommen.
Genau wie alles Gute.

Magie
trifft nur dann ein nachdem du zu viele Fehlschläge
eingesteckt hast und deine Schönheit
keine andere Möglichkeit hat
als sich zu entfesseln.

Mit Randale getarnt

Es gibt stets diesen kleinen Teil.
Er verweilt unbemerkt bis die seidige Fassade sich enthüllt.
Es ist das einzige was mich zurück hält.

Es verursacht Angst.
Es bringt Bedenken auf.
Es könnte sogar als Krankheit bezeichnet werden.

Wir können darin vollständig verloren gehen.
Ohne den Kampf,
wären wir nichts.

Wir müssen dagegen ankämpfen,
wir müssen,
die Unsicherheiten und Dämonen zur Seite schieben.

Nimm das Risiko.
Nimm das Risiko auf dich.
Nimm das Risiko auf deine Freunde.
Nimm das Risiko auf deine Partnerin oder deinen Partner.
Nimm es...

Wenn du das nicht tust wirst du nichts haben.
Es hat nichts zu tun
mit der Bewunderung der Welt.
Hat es nicht.
Und wenn du glaubst das ist alles worum es geht dann
versteckst du dich.

Lass einfach los.
Lass einfach los.
Lass einfach los.

Alles was du jemals wollen könntest wird eintreffen.
Du musst es in dein Leben lassen.
Und sobald du es hast, verzichtet es nicht.

Missbrauche es nicht: es ist einfach es wegzustoßen.
Schätze es.
Es ist die einzige Verantwortung die es sich lohnt zu haben.
Nur du kannst es vermasseln.

Du magst schwanken, aber du hast stets die Möglichkeit es
auszugleichen.
Zu viele Trugschlüsse werden die Reinheit seines Seins verfaulen
lassen.
Sei daher sorgsam mit dem was du hast.
Das schlimmste was einem passieren kann
ist verloren zu sein.

Kleine Bedeutungslosigkeiten

Es gibt viel Verlust,
Verlust von Freunden
Verlust der Jugend
Verlust der Möglichkeiten
Verlust der glücklichen
Verlust der traurigen
Verlust

Die Straßen tragen diesen Verlust mit uns.
Gesichter auf der Suche nach etwas,
einer Schramme
einer Narbe
einem Stich
Irgendetwas das uns wieder Gefühle bluten lässt
Verübt durch das Verdammnis der Vergangenheit
eine tickende Bombe einkassiert durch
die Medien
die Regierung
die Schulen
die Chefen
die Liebste
den Liebsten

Alles entfernt uns
von unserer Bestimmung.
Es ist kein Wunder dass wir kein
leeres Blatt Papier und einen Stift an unserem ersten Schultag
bekommen.

Warum, wie leichtsinnig wäre es schon uns zu bitten zu
schreiben
zu zeichnen
zu zerreißen
es zu vernichten das Papier?

Entscheidungen treffen,
das ist alles worum wir bitten.

Der Himmel ist voller Sterne angewiesen auf einen Kameraden.
Sie warten auf jemanden der einen Wunsch ausspricht.
Hoffentlich stürzt der den du auserwählt hast nicht ab,
wenn er die Luftstraßen verzaubert bevor er sich auflöst,
ein intergalaktisches Feuerwerk,
ein schwarzes Nichts.

Wie wunderschön es ist nicht einsam zu sein.

Selbst Explosionen
zu Beginn
erfüllen uns mit Hoffnung

Milchlauf in der 34. Straße

(Astoria ruft)

Das Schild des Delikatessengeschäfts ist grün mit gelben
Buchstaben.
Ich vermisse,
wie es damals aussah,
als der Hintergrund gelb war,
die Wörter, rot.
Vor nur einer Woche sah es Kacke aus.
Mir gefiel es so besser:
Zumindest sah so das Delikatessengeschäft gealtert aus.
Als wäre e seine Art Wahrzeichen.
Jetzt sieht es neu aus
und zu blitzblank.
Das Gemüse sah einst fragwürdig aus,
Ich würde nur die kaufen, die Ich benötigte.
Sie würden einen Tag halten,
vielleicht eineinhalb Tage bis sie verfaulten.
Jetzt, durch die Runderneuerung des Ladens,
sieht genau dieses Gemüse frischer aus:
Noch eine weitere optische Täuschung des Lebens.

Alpha Laundromat ist rappelvoll,
Ich muss nicht hineingehen um dies zu wissen.
Die Fenster an der Vorderseite sind beschlagen.
Ich kann nicht hineinsehen,
Aber Ich weiß darin sind schmutzige Vierteldollar, Trocknertücher
und Berge an Baumwollkleidung kreisend in der Sauna.
Ich frage mich, ob die spanischen Kinder
draußen herumtollen.
Moment, da ist eines.
Sie neigen dazu sich von ihren Eltern abzusetzen
und auf dem Gehsteig zu spielen.
Wenn sich ein Fremder nähert rennen sie nach drinnen.
Sie starren Fremde jedes Mal an
bevor sie wieder nach drinnen gehen.
Ich wurde schon viele Male angestarrt.

Grusko's ist das traurigste Restaurant der Welt.
Es ist nicht deren Schuld allerdings,
sondern einfach nur eine schlechte Wahl des Standorts.
Ist das nicht interessant?

Astoria, praktisch New York City,
in der 34. Straße,
beinahe eine Querstraße zu Steinway,
ein schlechter Standort?
Ist es tatsächlich.
Der riesige Speiseraum bleibt leer.
Der Kellner wäscht ein und dasselbe Glas zehn Mal
die ganze Nacht durch.
Er hat nichts Besseres zu tun.
Grusko raucht eine fette Zigarre an der Bar,
der gigantische Grieche mit kaperngroßen Augen.
Gut für Ihn, so konnte man die Traurigkeit in ihnen nicht sehen.
Und selbst wenn du es versuchen würdest,
selbst wenn du ganz nah heranträtest,
würdest du es nicht erkennen.
Dein Gesicht blockiert durch einen Hauch von Rauch.

Ich gehe an Willy vorbei.
Er versucht die Luft vor Ihm zu greifen.
Ich frage mich wohin er geht.
Auf keinen Fall sitzt er den ganzen Tag vor dem Ride Aid.
Kein schlechter Platz für einen Penner, schätze Ich.
Zumindest ist man so on der Nähe der Grundlagen.
Er hat sogar eine Zeitschrift die er für persönliche
Angelegenheiten verwendet.
Ich werfe einen Blick darauf und sehe sein Interesse an
Schwarze Hintern.

Ich überlege Willy Hallo zu sagen, lasse es jedoch.
Wer weiß was er tun oder sagen wird?
Ich würde mich verpflichtet fühlen Ihm Geld zu geben, Essen
oder Ihm einen Moment zuzuhören.
Daher fange Ich gar nicht erst an.
Wenn Ich es einmal tue, muss Ich es jedes Mal tun.
Auch wenn Ich es nicht muss,
werde Ich es müssen.
Ich gebe Willy keine Schuld.
Nein, gebe Ich nicht
Er ist ein Mensch
Er ist verletzbar
Er versucht nur eine Verbindung zu knüpfen.
Er ist genau wie alle anderen.

Du weißt wie es ist.
Sobald man jemandem eine Chance gibt wird daran festgehalten.
Ich schätze Ich gebe Willy keine Chance.
Die Mühe kommt mit einer persönlichen Konsequenz,
aber Ich habe jetzt keine Zeit,
Ich muss Milch besorgen.

Wenn alle Hoffnung verloren ist,
bleibt ein kleiner Teil in einer Spalte
in der du vergisst nachzusehen.

Drei ist einer zuviel

Auf der Spitze des Berges.
Ich bin nicht länger ein Kletterer.
Ich stehe auf dem Gipfel.
Eine andere Frau,
Eine andere Nacht,

Dann ändert es sich.
Der Zauber löst sich auf,
wie Pfützen in Abflüsse,
die träge durch die Straßen irren,
auf der Suche nach einem Ausweg.
Manchmal ist es traurig so zu denken,
doch selbst Wasser, reines Wasser, wird verschmutzt.

Ich habe versucht mich zu diluieren.
Ich bin mir nicht sicher ob Ich es stark genug versucht habe.
Diese Frauen werden verletzt werden,
das werden sie.
Das schlimmste daran:
Es wird wegen mir sein.

Ich bin auf einem Hoch
aber schon bald
wird es kommen.
Ich werde auf den Boden zurückkehren.
Ich werde wieder glücklich sein.

Die Reinheit in allem
entsteht durch diejenigen die klettern.
Sobald du die Spitze erreicht hat
bist du nicht mehr in der Lage die Dinge zu sehen,
Du bist nicht in der Lage andere zu sehen,
du siehst nur dich selbst.

Eismann

Wenn mein Selbstbewusstsein leidet
schmelze Ich wie Eis.
Abwärts
Abwärts
Abwärts
geht es für mich.

Die Pfütze.
Zwei Augen schwimmen,
sehnsüchtig.
Ich hoffe Ich kann mich zusammenreißen.
Ich würde alles dafür geben wieder vollständig zu sein.

Der Rhythmus meiner Sohlen verlangsamt sich.
Ich brauch etwas,
irgendetwas
das mir hoch hilft.
Rutschig und versunken.

Hitze?
Nein, Ich mich nicht zuwenden.
Ich würde verdunsten

es sei denn die Wolken sind kühl
und Ich komme zurück.
Tropfen nieseln.
Sie zersplittern wie Chaos auf den Fenstergläsern,
klebend
eine langsame, sanfte Fahrt nach unten.

Wieder muss es die Welt aushalten.
Alles was Ich brauche ist eine kühle Nacht.
Es baut mich auf.
Und es taucht stets auf
Ich weiß nur nicht wann.

Ich überquere die Straße
am nächsten Morgen.
Eine Pfütze.
Ich springe darüber.
Sieht ganz so aus als ob es dieser Typ nicht zum Mittagessen
schaffte.

Ein Entschuldigungsbrief dessen Versand es nicht wert war

Hiermit habe Ich wirklich Schwierigkeiten. Ich meine, Ich weiß Ich habe dich gerade erste getroffen und wir kennen uns kaum. Aber Ich habe ständig Schwierigkeiten Menschen zu finden, die mich nicht nur verstehen, sondern mich auch mit offenen Armen akzeptieren. Ich neige dazu oft alleine zu sein – so war Ich schon immer. Ich schätze es ist ein Abwehrmechanismus: wenn du alleine bist – nun ja, dann musst du dir keine Sorgen machen verletzt zu werden. Aber nachdem Ich dich getroffen haben, fühle Ich mich anders. Auf seltsame Art und Weise glaube Ich du kennst mich besser als die meisten meiner Freunde – Ich schätze so stellt man eine Verbindung her; Ich habe dies seit einer langen Zeit nicht durchlebt.

Die emotionale Achterbahn begann als Ich dich zum ersten Mal verließ: "Endlich, habe Ich jemanden gefunden mit dem Ich zusammen sein und Ich selbst sein kann."

Und jetzt als Ich dich zum letzten Mal verließ, "Warum musste das passieren, warum, warum nur."

Es ist normal vorsichtig zu sein, in Frage zu stellen wer zur Hölle jemand wirklich ist. Das Ganze wird schlimmer wenn sie sich merkwürdig verhalten oder Fehler begehen, denn wir sind alle verletzbar – und wir alle wollen es vermeiden Gefühle zu verletzen. Ich weiß, dass dich letzte Nacht verletzt hat. Ich kann nicht genug betonen wie schlecht Ich mich fühle. Und mir ist bisweilen übel aufgrund der Tatsache wie es dich beeinflusst haben muss.

Was mich betrifft, passieren Fehler: wir vermasseln es, aber was mir wirklich nahe geht ist die Tatsache, dass wenn wir es einfach fallen lassen wir beide womöglich die Chance verpassen könnten mit jemandem zusammen zu sein der uns beruhigen könnte. Und hier stellt sich mir die Frage – und Ich weiß, dass für dich, das Bedürfnis zu hinterfragen unterdrückt wird, es wurde in eine kleine Spalte deines Verstandes gequetscht.

Ich hingegen, mein Herz schlägt im Takt mit meinen Fragen.

Wir alle sind auf der Suche nach Seelenfrieden – und Ich gestehe, nachdem Ich dich traf hatte Ich ihn noch nicht gefunden: es war zu früh. Ich war gefasst von der Aufregung und dem Unbehagen von allem, von dir, deiner Anmut, Dinge die wir zusammen tun könnten. Das Unbehagen ist, wie du dir wahrscheinlich denken kannst, einer meiner Schwächen. Es ist schwierig denn Ich wollte so sehnlich mit dir zusammen sein – aber dann machte Ich mir Sorgen etwas über dich herauszufinden das mich umkehren lassen würde, oder, dass Ich als jemand enthüllt werden könnte den du nicht in deinem Leben haben wollen würdest, oder, dass Ich etwas tun würde das alles vermasseln könnte.

Ich war mit anderen Frauen in der Stadt zusammen, und um ehrlich zu sein, wenn etwas Derartiges mit ihnen vorfiele, würde Ich mich schlecht fühlen – das würde Ich wahrhaftig. Ich meine Ich bin nur mit Frauen aufgewachsen und Ich weiß daher dass jede von Ihnen mit dem Respekt und der Sorgfalt behandelt werden sollte die sie verlangen.

Genau wie du.

Abe wie Ich schon sagte – wenn etwas Derartiges mit jemand anderes passieren würde, würde Ich mich entschuldigen, aber wahrscheinlich würde Ich es lassen. Ich würde nicht darauf drängen wieder mit Ihr zu sprechen. Mit dir ist das anders: Ich weiß wir kennen uns noch nicht lange, aber Ich bin mir sicher du warst mit genügend Personen zusammen, um zu wissen, dass eine gute Verbindung mit jemandem, jemandem der eine Rolle spielt, du dich bemühst, wenn du so wie Ich bist, bemühst du dich diese Beziehungen zu retten denn sie sind außergewöhnlich, großartig und komplett beängstigend, alles auf einmal.

Ich hatte dies in keinster Weise letzte Woche erwartet. Ich hätte nicht bei Jerry und Matt vorbeigeschaut – dann aber doch – und dort hab Ich dich getroffen. Für mich, waren das Sitzen auf dem Sofa und an der Bar sein am Freitag das Beste: wir redeten – wir redeten einfach. Manchmal fällt es mir schwer mit Frauen zu reden; Ich neige dazu vor meinem tatsächlichen Ich zurückzuweichen und spiele den Komiker im Raum. Diese Nacht, schauspielerte Ich wenig und stattdessen öffnete Ich mich dir sehr schnell – und es scheint als hättest du dasselbe mit mir getan.

Das ist etwas Besonderes – und es ist/war/wird immer besonders für mich sein.

Davon abgesehen, finde Ich natürlich, dass du extrem attraktiv und sinnlich bist – Ich hoffe du bist dir dessen bewusst. Es ist ein entscheidender Aspekt in all dem.
Und Ich glaube, dass mein Übersehen eventuell irreführend war. Das war nicht meine Absicht: es war lediglich aus purem Respekt dir gegenüber – Ich würde niemals wollen, dass du dich fühlst als ob Ich vermute das Privileg zu haben deinen Körper zu berühren.

Bitte entschuldige die Länge dieser Mittelung, aber auf diese Weise spüle Ich für gewöhnlich meine Emotionen aus: bei Nacht, alleine, wenn meine täglichen Ablenkungen abklingen und Ich endlich in der Lage dazu bin meine Gefühle zu reflektieren.

Ich weiß nicht wo wir stehen. Ich meine wir sind fast noch keinen Schritt gegangen – aber wenn du mich zulässt, würde Ich gerne aufstehen und langsam wieder auf die Strecke gelangen bis wir gemeinsam rennen.

Mit aufrichtiger Reue und optimistischer Einstellung,

Joe

Ein in Leder gebundenes Notizbuch
Ist nicht nötig um kreativ zu sein;
ein Stift und einzelne Blätter Papier
tun es genauso gut.

Der Mann der Ich einmal war

Sich treu bleiben,
das ist alles was ein Mann tun kann
oder von sich verlangen kann.

Ohne dies,
nun ja, spielst du lediglich eine Rolle.
Die Rolle eines anderen macht dein Verlangen überflüssig.

Wenn du dir selbst in die Augen blickst
stelle sicher dass du den Mann erkennst der du sein sollst.
Das ist die einzige Sache der Welt
über die du Kontrolle hast.

Das ist sie tatsächlich

Es ist das einzige was du heilighalten kannst.

Ich hoffe Ich kann mir wieder treu sin – ja – Ich glaube daran
dass *Ich* es wieder sein werde.

Netflixinitis

Nie war die Gesellschaft ein größerer Glotzer.
Sinnlos auf Geräte starren.
Ein Hobby basierend auf Ablenkungen.
Ein Gedankenfüller.
"Ich muss mir meine Serie ansehen."

Unterhaltung hat nichts zu tun
mit deiner Betrachtung.
Es entsteht durch diejenigen die inspiriert dazu werden
größer als sie selbst zu sein
durch das Medium das zu ihnen spricht,
nicht die Feindseligkeit derjenigen die
es wagten es zu versuchen
es wagten zu scheitern
es wagten erfolgreich zu sein

Ja, Leute,
es ist
hart
unheimlich
und die Wölfe werden euch auffressen

Schaut euch nicht die nächste Folge an,
erschafft eine.

Tanzen mit Worten

Manchmal führe Ich.
Manchmal führen sie mich.
Die Struktur des Satzes ist mein geringstes Problem.
Obschon Ich Ausformung für immer studieren könnte,
würde Ich in den Schritten hängen bleiben täte Ich dies.
Zehen und Laschen würden zwicken.
Daher arbeite Ich mit Worten,
Ich lerne sie kennen.

Ich unterdrücke meine Begeisterung
für den Tanz und wo er uns hinführen könnte.
Ich hätte das Nachsehen wenn Ich doch nur führen würde.
Die Worte sind genauso wichtig wie meine Absicht.
Sie wurden geschaffen um mir sprechen zu helfen.

Daher folge Ich dem Cursor.
Die weiten Seiten füllen sich.
Jeder Schritt nach vorne fühlt
so richtig an wie eine überraschend Wendung.
Eine Abfolge wendet sich und baut sich auf.
Unsere Schilderung hilft bei der Erschaffung einer
wunderbaren...
Geschichte

Und sobald sie vorbei ist,
wenn die Worte und Ich uns trennen.
Der Tanz wird auf der Seite zurückgelassen.
Er dauert ein ganzes Leben an.

Lasst uns die Drinks kippen, und Scheiße labern.

Wer's findet darf's behalten

Manchmal wünsche Ich rein gar nichts zu haben.
So wäre es einfacher.
Keine Rechnungen
Keine Wohnung
Keinen Job
Keine Freunde
Kein Mädchen
Keinen Ehrgeiz
Keinen Antrieb

Wenn du nichts hast, dann kannst du frei sein.
Vielleicht ist nicht alles so gut wie es erscheint.
Das ist das Problem schätze Ich.
Es geht vor allem um die Dringlichkeit des Wissens.
Dieser Teil geht uns allen nahe.
Sobald du irgendetwas verlierst
willst du es zurück.

Aus diesem Grund müssen wir an das glauben was wir haben.
Aber ist es genug?
Es scheint als sei es Kampf der nicht gewonnen werden kann.
Aber genau wie alle anderen,
habe auch Ich keine Ahnung von nichts,
aber erwarte alles zu haben.

Beförderung

Die Bewertung ging makellos vonstatten.
Wir verhielten uns genauso wie wir es sollten.
Niemand zuckte während das belanglose Geplänkel
meine bedeutungslosen Auszeichnungen nichtig machte.
Die Rechtschaffenheit des Zentrums
hallte wieder wie lachende Hyänen.
Ein berauschender Rhythmus aus Schwachsinn.
Schwachsinn, ja, blanker Schwachsinn.

Beförderung

Und Ich setzte mich – auf ein Neues – die unechte Sicherheit
annehmend
für jemanden zu arbeiten dem Ich
scheißegal bin.
Trotzdem arbeite Ich.
Ich brauche das Geld.
Ich muss mich beschäftigen.
Ich nähere mich dem Wohlbehagen und falle auf seinen Trick
herein.
Aber bedeutet dieser Job nicht etwas?
Ich brauche diese Sicherheit,
einen Job,
etwas das meine Existenz definiert.
Das Ziel eines weiteren Kalenderjahres:
tadellose Anwesenheit.

Beförderung

Berechnet durch die Superhirne arroganter Deppen,
der Geschäftsführer und seine Handlanger – der Algorithmus
des Wertes:
der Wert eines Mannes in Statistiken aufgegliedert,
der Wert eines Mannes auf Geld heruntergesenkt,
der Wert eines Mannes – trotz seines Konflikts – trotz seiner
Integrität,
der Wert eines Mannes durch diejenigen herabgesetzt
die kleiner als er sind.

Beförderung

Fälschlicherweise gesegnet durch meine eigenen Unsicherheiten,
auf das Trugbild hereinfallend,
fehlgeleitet durch unwahre Akzeptanz.
Ist es wirklich wichtig ob Ich mich dazugehörig fühle?
Rechtfertigt alleine zu enden nicht die Methoden?
Bedeutet der Wert eines Mannes allein – für ihn selbst – nicht
etwas?
Die Pixel Filter auf dem Bildschirm – ein Spektakel aus Farben
erzeugen die Bilder.
Ich starre auf die Bilder.
Ich blicke auf die Uhr:
364 Tage verbleiben,
es sei denn dies ist das letzte Mal.
Aber Ich weiß nicht wie Ich es zum letzten Mal mache.
Daher, bis nächstes Jahr.

Beförderung

Vorübergehende Gesellschaft

Einige werden gehen.
Tatsächlich, die meisten werden gehen.
Ich weiß es ist entmutigend.
Der alltägliche Lauf des Lebens
ist besser in der Gesellschaft von Freunden.
Das großartigste aller Ereignisse das du dir erträumst
wird niemals vergleichbar sein mit der Aufrichtigkeit einer
gemeinsamen Erfahrung
mit anderen.
Es wird enden
und du wirst wütend sein.
Du wirst dir wünschen du hättest niemals solch eine tolle Zeit
miteinander gehabt.
Es wird so sehr wehtun wie der schlimmste Bauchschmerz, den
du jemals hattest.
Ich kann dir raten nicht mürrisch zu sein
aber mir ist der Schmerz bekannt.
Alleine für eine lange Zeit.
Mich wundernd
warum sich alles änderte,
warum du dich ändertest?

Wir führen ein Leben beruhend auf einer fernen Erinnerung.

Überschreiten eine Grenze um etwas einzufangen, das perfekt
schien.
Aber nichts ist perfekt.

Gesellschaft kehrt zu denjenigen zurück die bereit sind sie
einzulassen.
Es ist nur eine Frage der Zeit bevor du wieder unter ihnen bist.
Du wirst dich wieder komplett fühlen.
Es ist genug um weiterzumachen.
Es ist genug um deine Freunde weitermachen zu lassen.
Es ist einfach genug.
Und du kannst froh sein überhaupt etwas abzubekommen.

Wahnsinnige Momente
erinnern uns
dass egal wie schlimm es wird,
Magie auf uns wartet.

Träumen in wachem Zustand

Wir lachten alle.
Die Stunden gingen so lieblich vorbei wie der Cabernet.
Ich brodelte weiter,
durchbohrt während es sich um die Wände meines Glases
schnürte,
die Beine der Flüssigkeit flitzen nach unten
in die rote See aus nimmermehr.

Hier kommen die europäischen Frauen.
Das letzte Mal waren sie spanisch
und das letzte Mal davor waren sie russisch.

Ich kann mich an nichts was sie sagten erinnern.
Der Zigarettenrauch verhindert
das Lippenlesen.
Der lokale Dialekt verwischt.
Bald schon, klingen sie alle gleich.

So ist es jede Nacht.
So ist es seit den letzten drei Jahren.

"Die nächste Runde geht auf mich!"
Die nächste, nächste Runde – wenn sie kommt – geht auf mich.
Es ist egal ob irgendjemand um Erlaubnis
fragt meine Rechnung zu verwenden.
Ich kann mich nicht erinnern wann
Ich das letzte Mal "Nein" gesagt hätte.

So spielt sich die Nacht ab.
Wir schlafen in wachem Zustand,
leben in Dunkelheit,
eine brennende Realität beruhend auf einer Stimmung.

Am Morgen,
versuchen wir uns an irgendetwas zu erinnern.
Irgendetwas das wir durchlebten.
Irgendetwas das wir vergaßen.
Irgendetwas das wir träumten.

Aber es wird schwieriger und schwieriger
den Unterschied zu erkennen.

Gehe zur Musik

Es gibt einige Lieder die lassen dich weinen.
Es gibt einige Lieder die lassen dich lachen.
Es gibt einige Lieder die lassen dich entspannen.

Aber,
wenn dich ein Lied trifft,
wenn es ein Gefühl der Erleichterung schafft
als ob die Lasten des Lebens aufgehoben wurden,
ein Sturm kühlt im Inneren,
ein Regenschauer fällt,
ein Regenbogen erscheint,
kristallklar,
eine fremde Vision aus Schönheit.

Da draußen gibt es ein Lied.
Lausche.
Spiele es immer wieder.
Schließe deine Augen.
Erlaube den gestrigen Träumen
oder denen vor 5, 10, 20 Jahren durchzudringen.
Heitere Einsamkeit.
Anhänger der Massen werden sich lediglich bemühen
etwas Derartiges zu begreifen.

Sei alleine mit deinem Lied.
Erlaube der Melodie in die Adern deines Körpers einzudringen.
Das Blut pulsierend mit jedem Teil
unseres Körpers Fähigkeiten.
Der Sauerstoff bringt neues Leben.
Die Kälte der Freiheit zerstört Konformität.
Es ist das einzige was dich bisweilen am Leben hält.
Es gibt nichts Besseres als loszulassen.

Nimm den Mund nicht zu voll

Du wirst es nicht hören wollen.
Das willst du wirklich nicht.
Ja, du glaubst du willst es hören.
Du hast so hart gearbeitet.
Du hast versuchst alle zu beeindrucken.
Aber du willst es nicht hören wollen.

Ich habe es schon viele Male gehört.
Ich habe die Euphorie verspürt.
Die Zustimmung,
Die süße Heiterkeit all dessen.
Ich habe den Himmel gespürt.
Ich habe die Hände der Wolken geschüttelt.

Aber du wirst es nicht hören wollen,
Es hat keine Tiefe, verstehst du,
ein Kompliment.
Es ist Körnerfraß.
Es ist deren Art auszudrücken du befindest dich unter ihrer
Würde.
Ich esse allerdings kein Getreide mehr.

Ich brauch es nicht.
Ich will es nicht.
Ich weiß was Ich habe.
Ich weiß es geht über ihre Fähigkeiten hinaus
Ich weiß
Ich weiß

Du wirst es wissen.
Hör nicht auf sie.
Verlasse dich nicht auf sie.
Ändere dich nicht für sie.
Höre zu,
aber nur dir selbst!

Du hast
das Zeug dazu
die Leidenschaft.
Es steckt alles in dir.
Es steckte schon immer in dir.
Beginne jetzt.
Beginne erneut.
Beginne einfach.
Na los tu es schon!

Warten wird es nur dazu bringen zu gehen.
Und wenn du wartest,
sprich nicht mehr mit mir.
Ich brauche dich nicht um so zu werden wie der Rest.
Das brauche Ich nicht.
Du brauchst das nicht.
Tu es einfach.
Hör nicht auf bevor es fertig ist.
Brüste dich nicht damit dass es beinahe fertig ist.
Lobe dich nicht bis du sicher bist es ist fertig.
Bring es schon zu Ende!
Bring es zu Ende.
Verdammt nochmal!
Bring es zu Ende.

Wenn du es tust – wirst du traurig sein.
Du wirst nicht wollen dass es ein Ende hat.
Du wirst nicht wollen dass es vorbei ist.
Es bedeutete dir alles.
Es war Teil von dir.
Dann weißt du dass es richtig ist.
Dann wirst du erkennen, dass die ganzen Arschlöcher und
Dreckskerle
von Anfang an nur Idioten waren.
Sie könnten niemals kreieren
was du erschaffen hast.

Scheiß auf sie.
Scheiß auf alle.
Glaube einfach verfickt nochmal daran, dass du und nur du
alleine es schaffen kannst.
Denn du wurdest geboren, um es zu tun.
Du wurdest geschaffen, um es zu tun.
Hinterher,
sag kein Wort.
Sei still.
Halte dir vor Augen dass es fertig ist.
Es ist egal ob es jemand anderes weiß.
Es ist egal.
Es ist völlig egal.
Es bedeutet nur dir etwas.

Ich kann nicht sprechen ohne eine Stimme.
Ich kann nicht lauschen ohne zu Hören.
Ich kann nicht fühlen ohne das Schreiben.

Nervös

Es steigt wieder an.
Mein Herz pumpt.
Es dampft aus meinen Ohren.
Mein Atem ist gezwungen.
Manchmal wünschte Ich das Feuer ließe sich beruhigen.

Aber es wird immer da sein:
der Job
die Frauen
die bekackte Schreibblockade
selbst die beschissene U-Bahn

Es gibt immer etwas.
Ich könnte es alles lassen schätze Ich.
Dann würden,
das Unbehagen,
die Enttäuschung,
und die Selbstzweifel verschwinden.
Ich nehme an das wäre der einfachste Ausweg,
der einfachste Weg vor der Frustration davonzulaufen.

Mein Magen könnte sich beruhigen wie ein See,
und nicht länger mit rauen Wellen tosen.
Ich würde Seelenfrieden finden.
Ich könnte endlich schlafen
und schlafen.
Nur schlafen.

Dann wäre es kälter.
Ich wäre den Job los.
Ich wäre die Frauen los.
Ich würde nicht schreiben müssen.
Ich würde kalt sein.

Ich will nicht erfrieren,
auch wenn warm sein bedeutet durchzudrehen.
Und so,
steigt es an,
so wie es dies immer tut.
Es gibt nichts was Ich dagegen tun kann.
Und so,
schreibe Ich weiter.

Die Schwierigkeiten in NYC

New York City kann ein echtes Drecksloch sein.
Ich meine was soll Mann schon machen?
Wenn er nach Schwierigkeiten sucht muss er sich nicht lange
umsehen.

Meistens finden sie ihn.
Die Stadt zieht ihre Kräfte daraus,
auf gewisse Art profitiert sie davon.

Die Schwierigkeiten,
Ich denke darum geht es hauptsächlich.

Ich schreibe dies um 6 Uhr morgens.
Ich kann noch nicht mal aus dem Fenster sehen.
Ernsthaft, ein Notarztwagen hat soeben angehalten
vor meiner Wohnung.
Blau-rote Lichter tanzen über mein Gesicht.
Wo wir bei Ablenkungen sind.

Die Schwierigkeiten
und mehr warten auf mich.
Da kann Ich auch gleich duschen gehen.
Nein,
drauf geschissen.
Mir ist heute nicht danach.
Und außerdem,
Wer wird schon einen Unterschied bemerken?

Augen

Sie saß gegenüber von mir.
Ihre Augen waren schattenhafte Perlen
die im Licht blau schimmerten.
In diesen Augen steckte vieles.
Ich sah viel Hoffnung von Beginn an.

Es gab noch andere Dinge.
Ich konnte Zeiten des Kummers sehen.
Ich konnte Zeiten des Leidens sehen.
Ich konnte Schmerz in diesen Augen sehen.
Was Ich am stärksten sah war Schutzgefühl.

Ich wusste sie zog in Erwägung mich einzulassen,
aber es würde Zeit brauchen,
eine kleine Öffnung.
Sie tat sich nur gelegentlich auf.
Und als sich meine Augen weiteten
konnte Ich erkennen wie ihre weniger einladend wurden,
wie die Tore einer Burg.

Sie war sich nicht sicher ob sie mich einlassen wollte.
Die Schutzvorrichtungen waren bereit.
Mir war bewusst Ich würde es heute Nacht nicht schaffen.
Das war okay.
Ich war nicht bereit anzugreifen.

Vielleicht kann Ich es das nächste Mal versuchen,
Oder vielleicht war dies die letzte Chance die Ich bekommen
würde.
Ich wollte sie erreichen.
Aber es lag nicht mehr an mir

Als sie ging,
blieb eine letzte Erinnerung bestehen.
Ihr stürmisches Haar wippte
und sie blickte zurück.
Ich sah das Blaue in ihren Augen wachsen.
Ich war noch nicht bereit.
Ich war es nicht.

Wenn Ich wartete,
würde Ich es sein,
Ich würde es schon bald sein.

Tropfen fachen Wahnsinn an,
es braucht nur einen Großen
um mich wahnsinnig zu machen!

Setze es auf's Spiel
(Neu gewonnener Erfolg,
entschuldbare schlechte Angewohnheiten)

"Dieser Typ hat etwas an sich"
"Er hat wirklich alles im Griff"
"Wenn er den Raum betritt, ändert sich die gesamte Stimmung."

Ich habe diese Dinge über mich sagen hören.
Ich schätze das denkt man über mich.
Es ist womöglich auch etwas Neid dabei.
Aber für mich,
dem Typ von dem sie denken er hat alles im Griff.
Nun ja,
Ich beneide sie.

Sie müssen sich keine Sorgen machen
oder mit Übelkeit einen Raum betreten,
Angst davor haben es zu vermasseln.
Jeder Schluck den Ich nehme ist gefolgt
von einem weiteren.

Ich kann nicht anders als mich fehl am Platz fühlen.

Und während Ich lächle und weiter Scherze mache
im gesamten Raum,

Ich will es nicht vermasseln

Ich hoffe verzweifelt es nicht zu vermasseln.
Schluck
Schluck, schluck
Schluck. schluck, schluck.
Okay, Junge du machst das gut.
Es wird neblig
und Ich sollte auf der Hut sein
Aber bin es nicht.

Hier werden Helden zu Bösewichten.

Es werden Umarmungen und Wangenküsse ausgetauscht.
Ich halte am letzten Glas fest.
Die Barkeeper kennen schon meinen Namen.
Sie umgehen die Vorschriften und gießen ein letztes Hurra ein.
Ich wünschte sie ließen es,
aber es ist nicht ihre Schuld.

Ich habe sie ausgetrickst,
oder vielleicht habe Ich mich selbst ausgetrickst.

Ich gehe in die kühle Nacht.
Die geschäftigen Straßen sind gefüllt.
Die Stadt sieht aus wie immer:
ein Cocktail aus zwei vermengten Giften,
Hoffnung und Verzweiflung.

Das gelbe Taxi kommt und holt mich ab.
Ich könnte zu Tuttles gehen.
Shane würde den Malbec für mich bereit haben.
Ich ziehe es in Erwägung,
aber Ich lasse es heute Nacht.

Heute Nacht habe Ich Glück.

Zurück nach Astoria.
Zurück zu mir.
Die Show ist vorbei.
Die Vorhänge haben sich zugezogen.
Ich sitze in meiner Wohnung.
Ich bin zufrieden.
Ich bin gelassen.

Die nächste Show ist morgen.
Ich muss dafür bereit sein.
Ich hoffe Ich verpasse meine Einsätze nicht.
Ich hoffe Ich kann mich anpassen.
Ich hoffe Ich enttäusche sie nicht.

Ich hoffe Ich kann der Held bleiben.

Teich

(Alkohol Paradies)

Es gibt einen Reiz,
eine Versuchung.

Ein Teich.

Wir glauben es ist einfach hineinzusteigen.
Deshalb berühren wir das Wasser.
Wir mögen das Gefühl.
Es ist ungewöhnlich.
Wir fühlen uns als wären wir Teil etwas Großartigem.

Die großartigste Herrlichkeit.

Beintief.
Bis zur Hüfte.
Tiefer und tiefer.

So tief bis wir verzehrt sind.

Wenn wir Glück haben, erinnern wir uns.
Wir springen hoch.
Nur dann können wir wieder atmen.

Daher hasten wir hinaus.
Trocken, sind wir komfortabel.
Schüttelnd, beobachten wir.

Die glatte Glasur des Wassers kräuselt sich wie Seide.

Für mich ist es ein Lied.
Sie neigen sich um es besser zu hören.
Es klingt so liebreizend.

Gleichgültig, vergessen wir unsere Hemmungen.

Wir geben vor der Teich gäbe uns was wir brauchen,
all das was wir schon immer haben wollten.

Daher machen wir den ersten Schritt.
Und dann, den nächsten.
Und den nächsten.
Mit jedem Schritt spüren wir die Schwerkraft des Teichs mehr
und mehr.

Genau wie das letzte Mal.

Eines Tages halten wir an.
Unser letzter Atemzug verlässt uns.
Überwältigt von den Umständen.
Auf einmal sieht das Ufer nicht mehr so gewöhnlich aus.

Wenn wir uns doch nur nicht erlaubten zu ertrinken.

Wenn wir nur gewusst hätten den Teich aus der Ferne zu
bewundern.
Hätten wir sicher an Land bleiben können.

Kaffeefleck

Ein Mädchen im Zug verschüttet ihren Kaffee,
einen vollen Becher.
Eine Pfütze aus gebrühten, braunen Bohnen
Vermengt mit Sahne.
Sie liegt zwischen ihren Füßen.
Sie sieht zu mit den anderen Passagieren
während ein gigantischer Strom sich ausstreckt
wie Wurzeln unter einem Bau.
Zehenspitzen schleichen nahe der Koffeinkante.
Das Mädchen macht ein eingeschnapptes Gesicht.
Sie sieht zur Seite,
positioniert ihre Brille angenehmer auf ihrer Nase.
Andere bieten finstere Blicke.
Sie tut so als bemerke sie es nicht,
entscheidet sich stattdessen für keinen Zucker
während sie mit dem Elend von heute umgeht.

Sei du, sei besser und sei wunderschön.

Wenn du musst

Wenn du es Ihr sagen musst – es Ihr tatsächlich sagen musst.
Wenn dein Herz klopft
weil es durch deine Adern strömt,
dann sag es Ihr.
Wenn es schwierig wäre Essen zu schlucken,
sag es Ihr.

Wenn du dir nicht sicher bist,
sag es ihr nicht.
Wenn du Pläne hast es ihr zu sagen
weil es dir guten Sex einbringen wird,
sag es Ihr nicht.
Lügen stutzt Flügel.
Zu viele Männer, bereit zu fliegen, bleiben auf dem Boden.

Sie will es nicht hören, sie glaubt an für immer.

Aber wenn du es Ihr sagst, sei vorbereitet.
Sie sagt es dir möglichenfalls nicht zurück.
Sie ist möglichenfalls nicht bereit.
Aber wenn du es Ihr sagen musst – sag es.
Sag es.
Sag es bevor es jemand anderes tut.
Und jemand anderes wird es geben.
Sie halten sich im Moment versteckt,
stellen sich dein Mädchen vor.
Sag es,
wenn du es wirklich meinst.

Wenn sie sich entschließt zu gehen nachdem du es gesagt hast,
lass sie gehen.
Kämpfe nicht dafür ihr es noch einmal zu sagen.
Sei nicht überredend.
Sie weiß was du gesagt hast.
Sie weiß was du gemeint hast.
Sie wartet schon Ihr ganzes Leben darauf.
Gehe jedoch das Risiko ein.
Es ist das einzig Gute das du haben wirst.

Aber warum das Risiko eingehen?
Was wenn sie es nicht zurück sagt?
Was wenn sie es zurück sagt?
Was wenn sie es tut?

Erlaube deinen Flügeln die Fähigkeit zu schlagen.
Dein Herz wird anschwellen.
Deine Sicht wird klar.
Alles wird zu purer Euphorie.
Es ist besser als
Geld
Ruhm
oder eine schöne Frau zu haben...
die niemals in der Lage ist emporzusteigen.

Wenn sie es sagt,
musst du es schützen,
du musst es festhalten.
Denn nachdem du es ihr gesagt hast
musst du es zeigen.
Und es zeigen!
Wenn du das nicht tust,
wird alles wie eine Lüge scheinen.

Und wenn du lügst,
wirst du es Typen wie uns schwerer machen.
Du wirst es uns schwer machen es Ihr zu sagen.
Wenn du es Ihr daher sagen musst – sei bereit es Ihr zu zeigen.

Heilige Scheiße

Wir versuchen Fehler zu beheben,
die Fehler dir wir heute begangen haben,
die Fehler die wir gestern begangen haben,
und die schlimmsten,
die tiefsitzenden Fehler,
verwurzelt unter unseren Bäuchen,
kommen zu uns zurück
in Momenten in denen wir dachten wir hätten vergessen.

Es macht Sinn sie loswerden zu wollen.
Bereinigt
Gerettet
Wie eine Religion, schätze Ich.
Eine Quelle des Glaubens.

Aber Ich glaube nicht an höhere Mächte.
Nein, Ich denke es ist eine Masche.
Eine Art die unverarbeiteten Emotionen der Menschheit zu
vermarkten.
Ein Trick für die Marktheiligkeit.

Es gibt nur eine Person die dich retten kann,
und,
Schriften rezitieren oder deine Hände zusammenhalten wird ihn
– oder sie – es – nicht mit dir verbinden.
Es ist eine mentale Wahl.
Eine die aus Selbstvergebung entsteht.
Eine die keine Darstellung der Hingabe benötigt.
Es könnte geschehen wenn du
Zähne putzt
oder einen Hotdog isst,
oder, zur Hölle, während du einem Hund beim Scheißen
zusiehst.

Ja, du bist durch eine Art Wunder entstanden,
aber diese Menschen oder heiligen Mysterien erschaffen dich
nicht.
Weder beeinflussen sie
deine Entscheidungen
deine Überzeugungen.

Die Fehler werden kommen.
Sie werden sich anhäufen genau wie es das Leben beabsichtigt.
Es ist deine Entscheidung weiterzumachen.
Nur du kannst den Besen in die Hand nehmen
und sie wegkehren.

Ziemlich unvollkommen

Einige Menschen sind ganz herrlich unvollkommen.
Es kann schwer sein dies zunächst auszumachen.
Es muss hart für sie sein.
Ich wette sie wünschten jemand könnte sie richten.
Kennst du jemanden
der dies zugeben würde?
Niemanden, schätze Ich.
Sie machen weiter und sehen dabei so elegant aus wie immer,
sich fragend wie sie jemals dort gelandet sein konnten.
Wie landet jemand überhaupt erst dort?
Es ist traurig, eigentlich.
Aber sie wachen an einem neuen Tag auf,
unpassend lebend innerhalb der Auszeichnungen der
Gesellschaft,
hilflos durch ihren Eindruck,
und dennoch, höllisch bezaubernd.

Ich will keine
Geschichten hören,
Ich will
sie erzählen.

Blätter

Ich bin gerne traurig...manchmal.
Nur dann bin Ich sicher Ich habe noch einen Puls.

Rohe Emotion ist oftmals genauso einsam wie Bescheidenheit.
Begraben unter Bergen aus Herbstblättern,

wartend auf einen Kuss des Winters,
Blätter vereist unter Flocken,

verborgen vor aller Subjektivität.
Ich erscheine wie alle anderen.

Ich warte auf den Frühling,
die Traurigkeit.

Ihr ist es erlaubt zu schmelzen,
die Blätter verschmutzt.

Es ist an der Zeit zu rechen.
Ich kann klar sehen

bis zum nächsten Herbst,
und der Herbst nähert sich stets.

Zerbrochenes Glas

Ich vergaß das schmutzige Glas in die Spüle zu stellen.
Verdammt noch eins! – Ich sitze auf meinem Sessel,
bereit einen Film anzusehen.
Ich sollte das Glas holen.
Ich hab wirklich keine Lust dazu.
Mein Verstand flattert zu den morgigen Aufgaben,
die gewöhnlichen Pflichten die uns entmutigen,
angehäuft, wartend auf die Schaufel.

Das verdammte Glas starrt mich an.
Es steht rechts auf der oberen Platte des Getränkewagens.
Es ist keine große Sache
aber Ich nutze es
als Ausrede für alles andere.

Manchmal wünsch Ich mir Ich hätte den Schneid
das Glas zu nehmen und es gegen die Wand zu schmeißen.

Eine Art und Weise etwas Dampf abzulassen, verstehst du.
Ich würde überschwänglich beobachten wie der Zylinder durch
die Luft gleitet auf die Wand zu und mit dem süßen Klang
zerspringt
den zerbrechendes Glas von sich gibt.
Platsch, Knack, Klirr.
Glasperlen würden auf den Boden herabstürzen– jede
einen eigenen Klang erzeugend.
eine Melodie die nur die Kräfte
kristallisierender Scherben betrifft.

Ich wünschte Ich hätte den Mut einiges zu tun.

Aber Ich habe bereits genug worum Ich mir Sorgen mache.
Ich räume das Glas morgen weg bevor
Ich auf die Arbeit gehe.
Wenn Ich es vergesse, kümmere Ich mich später darum.

Junge Gesellschaft

Ich umgebe mich mit junger Gesellschaft
um meine Unsicherheit zu vergessen.
Das Altern macht mir keine Angst.
Es sind die Auswirkungen des Alters die mir Sorgen bereiten.
Ich habe Angst zu vergessen wie man frisch ist.
Daher umgebe Ich mich mit junger Gesellschaft.

Sie sind nicht von Unzufriedenheit gelähmt.
Ihre Seelen tragen Ehrgeiz in sich.
Sie wurden noch nicht oft genug enttäuscht um Schuldgefühle
zu haben.
Es herrscht eine inaktive Gemeinschaft
und sie treiben so reibungslos wie Wolken im Himmel,
angrenzend an den kräftigen blauen Hintergrund
wie weiße Wölkchen reiner Unschuld.

Ich gehe auf die 30 zu.
Mein Haar wird weniger.
Verdammt, Ich weiß mir wird es bald ganz ausgehen.
Mein Bauch weitet sich schneller aus als früher,
die Kater dauern viel länger als nur einen Tag an,
und dennoch macht sich die junge Gesellschaft darüber keine
Gedanken.

Wenngleich sie mich wegen meines Alters aufziehen,
und auch wenn Ich wie der gruselige Typ aussehe
der erwachsen werden muss,
wissen sie es ist anders.
Sie sehen es in meinen Augen.
Der furchtlose Wahn eines Mannes der weitermacht,
sich weigert sich von der Welt unterkriegen zu lassen.

Wenn Ich eine Wandlung in ihren Augen sehe,
Normalerweise wenn am wenigsten erwartet,
wenn die Schwäche den Kampf übernimmt,
wenn die Brüllaffen das Brüllen aufgeben,
dann muss Ich neue Gesellschaft finden.
Ich kann mich mit nichts anderem abgeben.
Das kann Ich nicht.
Ich kann es einfach nicht.

Ich werde immer von jungen Freunden umgeben sein.
Ich lebe von ihrer Leidenschaft für Chaos.
Ich tue mir schwer berechnender zu sein,
denn selbst mit meinen Weisheiten,
kann Ich es nicht lassen von ihrer Widerspenstigkeit eingefangen
zu werden,
für die ihre Naivität sie entschuldigt.
Manchmal, selbst wenn Ich weiß
dass Ich die Regeln der Gesellschaft befolgen sollte,
trickse Ich mich aus, will
wieder ein Gefühl der Unbezwingbarkeit spüren.

Ich lasse mich glauben.
Ansonsten, wäre nur wenig übrig.
Ich würde genau wie diese Menschen werden die zurückblicken.
Ich würde entscheiden dass diese Zeiten vorbei sind.
Nostalgisch...
Du würdest nicht in meiner Nähe sein wollen wenn das passiert.
Du könntest den Anblick meiner traurigsten Augen niemals
ertragen.

Daher halte Ich fest.
Der Nervenkitzel der Entdeckung überwiegt
das Erreichen des endgültigen Bestimmungsortes.
Und daher umgebe Ich mich mit junger Gesellschaft.

Die Geschichte endet niemals.

Jeder ist ein kleiner Heuchler,
denke daran,
und du wirst es weit bringen.

Die Sonne kommt morgen raus

So wie die düstere Bewölkung,
verbirgt eine graue Decke ganz einfach meine Tapferkeit.
Heute Morgen war der Himmel klar als Ich aufwachte.
Die Sonne schien auf mein Gesicht.
Ich wollte mich nicht länger verstecken.

Vor dem Wahnsinn in mir weglaufen
(Radikaler Moment der Melancholie)

Ich schätze wir alle sind manchmal egoistisch,
aber Scheiße noch eins,
macht das Sinn?
Die Welt, unsere Leben,
kann oftmals echt beschissen sein.

Manchmal wache Ich auf und hoffe Ich kann weder riechen noch
schmecken.
Es wäre besser so:
Ich müsste nicht würgen
an den übelriechenden Pheromonen aus Verzweiflung, Betrug
und
unerfüllten Erwartungen.

Ich hoffe es wird sonnigere Tage geben.
Ja, mir ist klar wie dramatisch diese Passage ist.
Ich hasse es sie zu schreiben,
aber Ich drehe hier gerade etwas durch.
Ach Scheiße!
Fuck!
Moment

Die Queensboro Brücke anstürmend,
befindet sich Crescent Avenue stets auf meinem Weg.
Ich bleibe beständig.
Ich laufe alleine.
Das macht mich glücklich.

Ich will nicht dass mich irgendjemand so sieht.
Ich könnte heulen gerade; tatsächlich bilden sich Tränen.
Ich sollte nicht – Ich werde nicht – aber aus irgendeinem Grund
will Ich es doch.
Wenn mich jemand so sähe,
würde man sich nie mit mir abgeben.

Aber warum?

Fühlen wir uns nicht alle manchmal niedergeschlagen?
Ja – aber ums Verrecken sprechen wir bloß nicht davon.
Ich atme tief ein.

Ich renne und mein Verstand folgt dem Tempo meiner Füße.
Mir geht's gut, mir geht's gut.
Soweit.

Mehr kann Ich nicht tun.
Mehr kann niemand tun.
Meine Füße berühren kaum den Bordstein,
aber fühlen sich so an als ob sie noch immer gehen.
Und Ich bin nicht sicher
ob es mich kümmert
für wie lange noch.

Das griechische Essen nahe der Astoria-Ditmars Haltestelle

Das Essen sieht noch genauso aus.
Ich bin hier über 200 Male gewesen.
Ich weiß nicht woran es liegt, aber heute, ist es anders.

Ich würde alles geben um unter dem Himmel aus Lichtern zu
gehen,
Ihre Hand zu halten,
wenngleich Ich sicher bin...
Aber vielleicht lag Ich falsch.
Es kümmert mich nicht mehr wer im Recht ist.

Ich sehe die Dinge anders.
Ich bin ein zyklischer Abtrünniger wartend auf den nächsten
Nervenkitzel.
Nun, bin Ich mir sicherer –
oder versuche zumindest
mich zu überzeugen es zu sein.
Es ist einfach einem Hirngespinst zu verfallen.

Ich kann nur eine gewisse Schnelligkeit aufnehmen.
Meine Hände können nur eine gewisse Anzahl von Stücken
halten,
und Ich will sie halten.
Vielleicht ist sie die einzige die Ich am Ende brauche.
Zumindest schmeckt das Essen besser, wenn sie dabei ist.

Gedichte
drücken auf beherzte Art und Weise
die Unklarheit
des Lebens aus.

Erschöpfung in Überheblichkeit getupft
(Glasiert durch Unvereinbarkeit)

Das größte Wissen ist das Wissen sicher zu sein.
Aber es ist ziemlich sicher beschissen schwer sich so zu fühlen.
Eine Eigenschaft gestaltet durch Illusion.
Du fällst ihr zum Opfer.
Langsam, kriechst du zurück,
lässt dich nicht länger von Illusionen täuschen.
Allzu bald wird es ein und dasselbe für jeden:
eine verzweifelte Unstimmigkeit
die in die Zerbrechlichkeit deiner Unsicherheit eindringt.
Das Opfer der Unterdrückung,
du kannst es herausfordern.
Das solltest du, aber es ist zum Verzweifeln,
Dein Selbstbewusstsein gelähmt durch verbleibende Angst.
Die aufkommende Furcht zeigt ihre Zähne.
Es wird das Einzige sein das lächelt,
bekümmert durch den Verstand des Miesmachers.

Zwischen den Zeilen

Alles hat ein Gerüst,
konstruiert um genauso zu passen wie es sollte.
Ich schien nie jemand zu sein der innerhalb der Linien bleibt.
Aber Ich schätze – zeitweise – ist dies nötig.
Diese Konformität wird von einer Fratze begleitet.
Die schwarzen Linien scheinen keine Führung zu sein.
Nein, stattdessen schränken sie ein,
eine Behinderung die dich in den Wahnsinn treibt.
Ins schwere Trinken
In die Einsamkeit
In das Schreiben

Versetzt dich an einen weit entfernten Ort
weg von denjenigen die mit Grenzen leben.
Wenn sie sich doch nur in die Umgebung der Leerräume wagten.
Es wagen dorthin zu gehen.
Sich nicht von Angst in einen Käfig zwängen lassen,
wie der Tiger im Zoo,
eine Bestie die die Fähigkeit besitzt zu brüllen.
Eine Bestie, die in Ketten, lediglich beobachtet.
Träume von besseren Tagen.
Träume um aufzuwachen.
Träume anders zu sein.
Wirf alles weg was dich erdrückt.

Nur eine wilde Bestie kann frei sein,
und die meisten von uns besitzen die Fähigkeit zu schreien.

Feststecken

Du steckst nicht fest.

Ich weiß tagein tagaus findest du dich wieder
an Orten,
mit Jobs,
oder mit jemanden den du nicht für richtig hältst.
Du magst glauben du kommst nicht raus.

Du steckst nicht fest.

Du kannst raus.
Du kannst dich bewegen.
Du kannst kündigen.
Du kannst Schluss machen.
Nur du kannst diese Entscheidung treffen.
Die Leiden der Veränderung sind das einzige
was dich zurückhält.
Nutze die Straße der Möglichkeiten.
Finde die richtige Spur.
Wirf die Straßenkarte aus dem Fenster.
Das Leben ist eine chaotische Schnellstraße.

Es ist niemals zu spät wieder von neuem zu beginnen.

Religion ist Schwindel:
man sollte das Geld für eine gute Sache einsetzen.
Aber, dann wiederum,
wäre dies womöglich ein weiterer Schwindel.

Das Scheppern im Inneren

Mein gesamter Kopf
ist verbrannt durch zu viele Gedanken
die ein Mann allein begreifen könnte,
weder einen gewählt noch auf einen konzentriert:

Lediglich ein Überfluss an Potenzialen,
und noch mehr die meine Sicht vernebeln.
Der heutige Reiz erzeugt ein neues Scheppern für den Sturm.

Zurück an den Anfang geführt

Der Zug A rumpelt über die Gleise,
Rockway war nicht in Sicht,
aber wir näherten uns Utica Avenue.
Mir war unbehaglich.
Ich war mir nicht sicher überhaupt dort sein zu wollen.
Ich schlürfte das Becks aus der
großen Dunkin Doughnuts Kaffeetasse.
Es entspannte mich.
Mir war es sogar egal dass wir bereits
seit über zweieinhalb Stunden unterwegs waren.

Ich saß taumelnd von der Nacht davor
der vierte Juli.
Das Biest im Himmel lachte letzte Nacht.
Es war alles so verschwommen.
Es schien als sei der Himmel in Flammen gewesen.
Ich sah von der Treppe eines Fremden zu.
Mir war die ganze Zeit über elendig warm.
die SMS und die Anrufe.
Die Sehnsucht mit jemandem zusammen zu sein... irgendjemand
Aber Ich schloss mich letzte Nacht niemandem an.
Ich dachte darüber nach wie die Frau
die Ich bei mir haben wollte nicht bei mir war,
und wie die Frauen die mich wollten
dasselbe fühlten.
Ich kannte mich nicht.
Ich habe Angst vor Veränderung.
An der Schwelle zu sein ein Mann zu werden
lastet auf mir.
Das Jahrzehnt aus dem Loslassen des Chaos
nähert sich diesen Sommer dem Ende:
die Partys, das Trinken, die Ungezogenheit,
unverfrorene Missachtung des Etablissements,
der Schlacht die niemals einen Sieg erringt.

Cynthia hatte keine Ahnung,
aber sie erinnerte mich an all das
während wir im Zug saßen,
und sie hatte keine Ahnung dass Ich sie zurück an einen Ort
brachte
der meine Zwanziger verkörperte.

Die Jugend besitzt eine bestimmte Vorstellung die verloren geht
an denen die sich ihr widersetzen.
Ich erfuhr wie sehr Ich mich vielen Dingen widersetzte.
Meinen Möglichkeiten
Meinen Freunden
Mir selbst
Von Zeit zu Zeit erhielt Ich sie zurück
aber es schien einfacher es alles wegzuwerfen.

Broadway Channel und wir mussten umsteigen.
Cynthia beschwerte sich über ihren Freund.
Ich hörte zu,
aber realisierte sie sprach über jemanden wie mich.

"Mann" ist ein beängstigender Gedanke für Jungs.

Es ist nicht niedlich für immer ein Junge zu sein,
egal wie stark du es versuchst
Vielleicht machte Ich es mir selbst zu schwer.
Oder vielleicht befand Ich mich wieder im Trott.
Der Verlust des Selbstwertgefühls kann einfach vermindert
werden
wenn man überzeugend ist.
Der Stich dauert nur so lange an bis man ihn wegwischt.
Er bleibt jedoch.
Ich, vor allem, schien anfällig für weitere Angriffe.
Und Ich wollte nicht dass es aufhörte.
Ich war daran gewöhnt.
Ich, nun ja, Ich denke Ich brauchte es.
Zumindest erinnerte es mich so daran
dass Ich nicht alt und langweilig werden würde.
Ich benötige eine Anregung, eine Person, oder Situation
mit der Ich bei jedem erwachenden Moment umgehen kann.
Dann, wenn Ich mit dem magenumdrehenden Gefühl der
Gleichgültigkeit erwachte, würde meine Teilnahme vollständig
nachlassen.
Bis Ich wieder bereit war für alles.

Aus diesem Grund waren wir auf dem Weg nach Rockaway.
Dort würde Ich immer etwas fühlen.

Aussehen Wie Hölle

Ich erschien müde auf Arbeit –
und schlimmer noch als das
war wie müde Ich aussah.
Ich konnte die wenigen Stunden aus Schlaf nicht verbergen.
Der späte Wecker.
Der Mangel an rasierter Haut.
"Du bringst dich noch um wenn du nicht bald gesund wirst."
Danke Arbeitskollege mit 3 Kindern.
"Tod, sagst du?"
Erscheint ein Geschenk.
Zumindest könnte Ich mich ausruhen.
Bis 2, 3 Uhr nachts aufbleiben war nicht förderlich für einen
Bürojob.
Das ist das Problem des Ehrgeizes:
Das eigensinnige Gemüt lässt sich durch Versagen nicht
beschwichtigen.

Erfolg bringt dich nicht um –
Das Streben ihn zu erlangen allerdings schon.

Daher weitermachen mit der Arbeit.
Weitermachen mit den langen Nächten des Schreibens.
Weitermachen mit den Fehlern die Ich noch nicht realisiert habe.
Denn der Glanz scheint auf die herab die dafür bereit sind.
Der Rest verbleibt in der Dunkelheit,
und Ich weigere mich in die Dunkelheit der Hölle geworfen zu
werden.

*Ich kann es nicht lassen mich
in jeden abstoßenden Aspekt von
New York City zu verlieben.*

Der Zorn wird ansteigen

Ich weiß er ist da.
Ich rede mir ein er verschwindet.
Ich mag wenn das Geschwür brennt
und sich zu stillem Wasser beruhigt.

Aber die Flut wartet vornehm.
Chaos ist nahe.

Jetzt ruhig, bin Ich in vollständiger Kontrolle,
aber Ich kann die Flut nicht kontrollieren.
Sie tickt wie ein Biest auf seine Beute wartend.
Darauf wartend zu explodieren.

Sie kommt zu meinem verwundbarsten Moment.
Ich bin schwach und mir dessen bewusst.

Die Wellen steigen an.
Ich stürze auf mich herab.
Alle um mich herum sehen mit Enttäuschung zu.
Es hört nicht auf.

Es kann nicht aufgehalten werden.
Alles an mir ist verkehrt.
Aber meine Kraft war nie lebendiger,

wie ein Boxer. Er wartet auf den richtigen Moment.
Seine Ausrede ist es zu pulverisieren
den Gegner...
seinen Zorn...
seine Furcht...
seine Unmöglichkeiten...

Das mächtige Herrschen über die Dinge die sie kontrollieren
können.
Ich bin wieder außer Kontrolle.

Ich hasse es, aber es muss raus.
Ja, ja – es muss.
Wenn nicht, wird der Sturm das nächste Mal größer sein.

Bist du abgelenkt, dann bist du wie alle anderen

Vielleicht suchen wir nach Ablenkung.
Sie versorgt uns mit einem Mittel unsere wahren Absichten
entgleisen zu lassen.
Sie erlaubt uns zu flüchten
vor der Erkenntnis wer wir wirklich sind.
In diesen Momenten,
ist es mühelos.
Du musst dich mit nichts konfrontieren.
Sie hält dich davon ab dich deinen Ängsten zu stellen.
Und du wirst dich niemals verlorener fühlen es sei denn du hörst
auf damit.
Aber selbst wenn du so tust als hättest du noch Zeit übrig,
und dir einredest dass du "dort ankommst wenn du bereit dafür
bist,"
wirst du es verpassen.
du wirst dir nie gänzlich deiner Fähigkeiten bewusst werden,
denn du bist zu abgelenkt um etwas anderes herauszufinden.

Sie, wiederkehrend

Es ist gewissermaßen abstoßend.
Es ist gewissermaßen wunderschön
Es ist gewissermaßen grauenhaft.

In jeder Hinsicht,
ist es gewissermaßen perfekt.

Aber zur Hölle damit.
Zur Hölle mit allem.
Es ist mir scheißegal mittlerweile.
Es sei denn Ich habe einen unerklärlichen Grund nichts zu
fühlen.

Und Scheiß drauf.
Wenn sie da ist,
wenn sie nicht da ist,
fühle Ich durchaus.

Ich erinnere mich an sie.
Ich vermisse alles.
Selbst die schlechten Abschnitte.
Und daher,
schreibe Ich um mich an sie zu erinnern.

Rastlose Neigungen verwandeln sich
in unbekümmerte Melodien.

Verhalten in der Realität

Es passiert wieder
und Ich kann nicht fassen Ich erlaube es.
Jede Kreation
Jeder Teil von mir
Alles wird weggenommen
Und Ich lasse es zu.
Der verdammte Chef stiehlt es mit einem Lächeln.
Der Gehaltsscheck ist jedoch stabil.
Läuft es am Ende nicht immer auf Geld hinaus?
Ich fühle mich gekauft.
Ich bin mir sicher du fühlst dich genauso.
Es ist krank – ja, beinahe unglückselig
ein sprichwörtlicher Untergang.
Unsere Seelen verdünnt, verspottet und fragend zurückgelassen.
Arbeit ist ein persönliches Fegefeuer
das unsere zunehmende Enttäuschung einsperrt.
Es ist hart die Kontrolle zu lockern, aber wir erlauben es ihr.
Zerknüllt durch die Realisierung etwas zu tun
das unter unserem Potenzial liegt.
Aber wir stempeln ein.
Die Rechnungen werden bezahlt,
und nachdem wir das Arbeitsende stempeln,
während wir auf dem Weg nach Hause sind,
fragen wir uns,
"Wie werden wir wieder vollständig?"
"Wie ist es möglich Teil von etwas zu sein an das wir nicht länger
glauben?"
Aber wir schauspielern, unsere Arbeitsnische die Hauptbühne,
ein kleiner Bereich vorgesehen
um unsere Gedanken zu drosseln.
Wir arbeiten für Personen die niemals
die Schönheit begreifen könnten
die wirklich in dir, mir und allen anderen steckt.
Langsam, wie Steine an einem Strand herrscht Verwesung.
Das Salz und die Flut löschen
unsere stets verdünnende Vollständigkeit aus,
bis wir zu zerbrechlich werden,
und uns in Sand verwandeln
am endlosen Küstenverlauf des Strandes liegend.

Grinsen

Unterwegs von der Arbeit nach Hause,
griff Ich das Geländer des N-Zuges und beobachtete sie.
Sie stand da und kaute auf ihrer Unterlippe.
Ein beunruhigendes Gesicht,
Jeder Knick wie ein Netzwerk aus Wurzeln.
Ihre Falten gruben sich tiefer und tiefer in die Erde.

Sie dachte womöglich das gleiche wie Ich:
ein weiterer Tag den Trotteln gewidmet.
Ich war nicht im Geringsten glücklich,
Meinte Talente verschwendet und so geschehen mit
Unrichtigkeit,
auf den Tasten der Tastatur klopfend
an meinem Schreibtisch neben dem Techniker,
der Heizkörper tönend wie Kirchenglocken am Sonntag,
meine Schläfenlappen rasselnd,
meinen Widerstand verdünnend.
Ich sollte eigentlich überreizt sein.

Ein weiterer Tag,
und Ich bin in den Zug gestopft,
ein Haufen leerer Gesichter
alle umgehend mit dem gleichen verdammten Komplex.

Die Frau sah mich kurz an.
Sie gab ihre Lippe frei.
Vielleicht war es ein gegenseitiges Verständnis.
Oder vielleicht erkannte sie an meinem Gesicht
dass Ich es brauchte.
Sie lächelte:
ein kurzes Grinsen, aber dennoch tröstend.

Es erinnerte mich daran dass wir alle darin stecken,
in diesem beschissenen Leben aus Arbeit:

zusammen,
selbst wenn wir unglücklich wie Hölle sind.
Daher lächelte Ich zurück.
Es fühlte sich gut an das zu tun.
Ich sollte öfter lächeln.
Das sollten wir alle.

Ablehnung nährt die Kraft, der Welt das Gegenteil zu beweisen.

Schicksalssuff

Das Schicksal

        ist

                ein

                        Drink

                            der

                                      nicht

                              endet

                      bis

                zum

            nächsten

Morgen.

Es braucht Zeit,
es braucht länger als du denkst,
es braucht länger als du dachtest,
es bringt dich an Punkte an denen du bereit bist aufzugeben,
aber wenn deine Ausdauer die Rückschläge meistern kann
weißt du genau wie lange es brauchte um dort anzukommen.

Stadtlärm

Es herrscht Lärm.
Immer.
Selbst in den stillen Momenten der Einsamkeit.

Der summende Heizkörper.
Das vom Wasserhahn tropfende Wasser.
Der Deckel des Mülleimers klappert.

Der Verstand.
Gedanken von morgen.
Gedanken von gestern.
Gedanken von kommenden Tagen.
Und was noch schlimmer ist...unerwartete Geräusche.

Überrumpelt.
Keuchend nach einer Möglichkeit es alles verstummen zu lassen.
Suchend nach einem Gefühl der Kontrolle.
Nicht in der Lage dazu.

Du musst dich daran gewöhnen.
Ich rate dir das zu tun.
Denn es wird stets laut sein.
Lauter... LAUTER.

Lärm besteht wie die Luft die du atmest.
In den Zeiten in denen du deinen Atem anhältst,
kannst du die Stille hören.

Die Schlüssel wandern

Mein Schreibvorgang?
Ich neige dazu zu warten.
Ich beginne in dem Ich Worte aufschreibe.
Worte von denen Ich hoffe sie heben ab.
Mächtig –traurig – liebend – sehnend – wollend - quälend -
kämpfend - realisierend - beruhigend.
Manchmal schreibe Ich einfach das Wort, "Wort".
Es erinnert mich daran dass mein Ziel ist Worte zu schreiben.
Es könnte bei Nacht sein.
Es könnte bei einer Party sein.
Es könnte während dem Sex sein.
Es könnte beim Scheißen sein.
Es könnte sein wenn ein Kind vorbeiläuft
mit einem blauen Rucksack und
Ich neidisch darauf bin
dass alles worauf er sich freuen kann noch vor ihm liegt.
Es könnte der Typ mit der krustigen Zahnpasta auf der Lippe sein.
Es könnte das Lächeln sein das mein Großvater früher teilte.
Es könnte der Rand eines Mulleimers sein.
Es könnte der Geruch indischen Essens sein.
Es könnte sein da Ich keine andere Wahl habe.
Es könnte sein da Ich denke Ich muss.
Es könnte jedes dieser Dinge sein.
Und für Schriftsteller, sollte es genauso sein.

Wenn es regnet, steigt Rauch auf

Ihre hellbraune Jacke schwebte vor mir.
Das Licht in der Ecke 60. Straße und Madison
schenkte dem Material seinen letzten Atem aus Farbe.

Sie verschwand hinter der orange und weiß gestreiften U-Bahn.
Aus der gigantischen Zigarette,
spie die Straße Rauch.

Höher und höher stieg er an.
Der gesamte Himmel war Nebel.

Die Wasserperlen sammelten sich auf meiner Schulter.
Die warmen Straßen kühlten ab.
Die Hektik des Tages klang ab.

Ich ging zur U-Bahn.
Ich hatte noch nie zuvor einen solch violetten Himmel gesehen.

Ich war bereit nach Hause zu gehen.
Ebenfalls war auch New York City bereit.

Egal wie sehr du jemanden liebst,
kannst du nicht lieben wenn sie dich nicht lassen.

Eiswagen-Melodien

Ich wachte auf und Kinder spielten in meiner Straße.
Der Wecker klingelte in Form
eines Eiswagens.
"Scheiße!" dachte als Ich auf die Uhr sah.
9:44 Uhr.
"Verdammt! Ich werde zu spät sein...schon wieder."
Die Nacht davor, ging Ich ins Bett um ein Schläfchen zu machen.
Die Schläfchen waren stets vorgesehen um eine Stunde
anzudauern.
Manchmal taten sie das, manchmal nicht.
Manchmal dauerten sie bis zum Morgen.
Es war nicht ungewöhnlich für mich
mehr als 12 Stunden zu schlafen:
7 bis 7.
Große Überreste aus Augenschmalz,
an denen Kontaktlinsen Schuld waren,
verrieten mir wenn Ich zu lange geschlafen hatte.

Nun, als der Eisverkäufer begann Vanille und Schokoladen
Milcheis zu servieren
war alles was Ich mich fragte, "Warum ist es draußen so dunkeln?"
Ich nahm an ein Sturm kam auf.
Es schien als regnete es jede zweite Stunde diesen Sommer,
und die Kinder waren draußen.
Ich schnappte mein Mobiltelefon.
Grundgütiger, was sind all diese SMS.
Es muss allen auf Arbeit langweilig sein.
"Kacke! Steh verdammt nochmal auf Joe!"
Ich sprang von meinem Bett.
Hektisch, rann Ich in die Dusche.
"Sollte Ich überhaupt duschen? Sollte Ich ein Taxi nehmen?"
Zeitreise-Szenarien gingen mir durch den Kopf.
"Wenn Ich jetzt ein Taxi bekomme, könnte Ich um 10 Uhr
ankommen."
10 Uhr war normal für mich,
und in dieser Hysterie schien es das Beste zu sein so bald wie
möglich auf Arbeit zu erscheinen.
Ich erinnerte mich dass mein Chef im Urlaub war.
"Zur Hölle, dusche einfach, kurz abspülen, man, geh schon los –
um 10:30 Uhr ankommen und niemand wird den Unterschied
merken."

Ja, drauf geschissen – lass dir eine Ausrede fallen wenn nötig.
Ich warf einen letzten Blick nach draußen.
"Haben wir eine Sonnenfinsternis?"
Es war so verdammt dunkel draußen.
Warte.
Es war 22 Uhr.
Ich trocknete mich ab und legte mich wieder hin.
Ich stellte meinen Wecker.
Innerhalb 10 Minuten konnte Ich nichts mehr hören.
Scheint als hätten all die Kinder Ihr Eis aufgegessen.

Während die Erinnerung verbrennt

Die Kerze brennt und die Melodie geht weiter.
Wir leben weiter in ihr.
Der Docht ist verschwunden.
Wir halten am Wachs fest.
Daran verkrustet
das Windlicht
Das Glas
Der Tisch
unsere Finger.
Und wir lauschen
während sich die Nostalgie wiederholt.
Wir singen mit.

Inkompetente Intriganten

Sie wussten Ich könnte es tun,
aber Ich wollte es nicht für sie tun.
Das spielte keine Rolle:
Ich hatte den Saft.
Sie wussten es und warteten darauf zu trinken.
Sie würden nicht sofort trinken.
Sie wagten es niemals zu nippen.
Niemals würden sie etwas vom Aroma schmecken
und daraus lernen.
Sie würden niemals versuchen damit alleine weiterzumachen.
Stattdessen, bedienen sie sich ihres größten Vorteils
bis die Deadline ungemütlich nahe herangekrochen ist,
und obwohl sie Zeit haben,
geben sie sich alle Mühen beschäftigt zu erscheinen.
Zu durcheinander
Zu dumm
Dann, genau als das Ende nahte, schlucken sie meinen Saft.
Sie würden alles nutzen,
alles was Ich geübt hatte.
Ein zügiger Schluck.
Weg
Das schlimmste daran?
Man sagte mir nie wie gut es war.
Es war genauso wie sie es geplant hatten:
nichts im geringsten sagte man danach.
Wenn sie irgendetwas gesagt hätten wären sie erwischt worden.
Daher sagten die Intriganten niemals irgendetwas.

Bei Kunst geht es schier um Absicht.
Ihr Mittel
ist lediglich Formsache.

Neid

Von Geburt an erzählt man uns dass wir
etwas Besonderes haben.
Jedes Jahr häuft mehr Auszeichnungen an.
Unser Selbstbewusstsein ist darauf angewiesen sich vollkommen
zu fühlen.
Es geht ausschließlich um Erfolg.

Allzu bald lässt der Jubel nach.
Für einige, ist es schon eine ganze Zeit lang still.
Der erste Platz ist ihnen nicht passiert.
Und die Wahrheit ist man kann nicht wissen wann der Applaus
endet...oder beginnt was das betrifft,
aber wenn es vorbei ist – wenn wir daran gewöhnt sind...
Tun wir alles um es zurückzubekommen.

Während die Jahre vorübergehen
mag es bedeutungslos werden.
Womöglich wirst du deinen Platz im Leben finden.
Aber was geschieht mit denen die sich nicht festlegen?
Was geschieht mit denen die gehört werden müssen?
Bestätigt werden müssen.
Unterstützt werden müssen.

Der Wahnsinnige in uns allen wartet darauf zu brüllen,
und diejenigen denen du vertraust
werden deine Bedeutung mindern.
Sie werden sie dir wegnehmen
falls sie deinen Applaus beneiden.
Es ist ein Kampf.

Mitgefühl war noch nie ein Teil des Wettkampfes.
Es ist in uns eingefleischt,
genau wie bei unserer Geburt.
Wir bemühen uns es festzuhalten.
Wir wollen das meiste davon.
Schlussendlich können wir davon besessen werden.

Aber es scheint viel zu belanglos
wenn es uns genommen wird.
Neid ist die Wurzel alles Bösen.
Es hat nichts zu tun mit

Geld
Kleidern
Häusern
Autos
Dingen..

Schlussendlich ist es ein weiterer Betrug,
ein Trick der Minderwertigkeit blutet,
ein unerwarteter Schlag in dein eigenes Gesicht.
Das Trugbild wird nur bestehen
wenn du es tolerierst.
Ich erlaube mir nicht länger das zu tun.
Nein, Ich weiß Ich bin gut genug.
Der Jubel ist nicht mehr so wichtig
wie er einmal war.

Alle sind zusammen wenn sie alleine sind

Es spielt nicht wirklich eine Rolle,
denke Ich,
ob Ich alleine bin
oder denke Ich bin es.
Um ehrlich zu sein ist es mir lieber in Ruhe gelassen zu werden,
aber es gibt Momente
wenn Ich Gesellschaft in Erwägung ziehe.
Dennoch, selbst wenn jemand da ist,
bin Ich alleine.
Sie sind alleine,
aber wir sitzen hier,
reden weiter,
trinken weiter.
Nur für den Moment betrügen wir uns
aber selbst wenn wir zusammen aufwachen,
entscheide Ich mich dafür alleine zu sein.
Mein Verstand vermengt sich mit den Gedanken
und Entscheidungen des Tages.
Ich weiß sie tut das Gleiche.
Und so liegen wir nebeneinander.
Alles was Ich tun muss ist hinübersehen,
aber Ich lasse es gerade.
Ich will einfach alleine sein.

Schreiben wenn du glaubst du hast nichts mehr übrig

Erschöpfung.

Ist manchmal das Ziel.

Sie ist da.

Sie befindet sich an einem Ort
an dem du ein wenig Energie hast,

gerade genug sodass deine
besten und enthüllendsten Ideen endlich gefunden werden
können.

Inmitten der Bemühungen dem Leben zu entfliehen
und all seinen Ungewissheiten,
Verschrobenheiten
und Perioden der Unsicherheit,
findet dein Leben statt.
Und dein Leben,
mein Leben,
das Leben eines jeden ist gut.
Es kann so gut sein
selbst wenn es so verdammt scheint.
Es ist nicht perfekt,
es ist so wunderschön unvollkommen,
aber wenn du es zulässt,
wenn du an morgen glaubst,
kann es so gut sein.
Es kann so verdammt gut sein.

Die Skulptur ist nichts weiter als ein Gebilde...
der Einbildung eines Anderen.

Sich jemanden hingeben
scheint unser bevorzugtes Diskussionsthema zu sein.
Wir sehnen uns danach.
Wir fürchten es.
Wir wollen es.

Und vielleicht sollten wir es nicht tun.
Was ist falsch daran alleine zu sein?
Alleine, wo du für dich selbst denken kannst,
wo du dich definieren kannst,
wo du du selbst sein kannst.

Ich bin nicht bereit eine Statue zu sein,
gemeißelt und entworfen von jemand anderem,
gemacht um perfekt auszusehen,
gefertigt ohne auffallende Mängel.

Ich frage mich wie es im Inneren der Statue aussieht,
ihrer Rohheit.
Ich will den Glanz entfernen
und sehen was im Inneren vor sich geht.
Diese Teile werden selten beachtet.

Die meisten fürchten was sie finden könnten,
dass zu viel aufgedeckt wird
über andere
über dich
über mich
Wir finden eventuell etwas das uns zum Abreisen veranlasst.
Ich schätze hieraus entsteht der ganze Wahnsinn.
Abreisen würde bedeuten alleine zu sein.
Vielleicht wollen wir uns deshalb aufgeben.
Aber warum deinen Wert gefährden?

Es macht mir nichts aus alleine zu sein.
Ich bin bereit geduldig zu sein.
Es bereit mir ein wenig Angst,
aber es macht mir nichts aus,
tut es nicht,
und macht es auch dir nicht.

Feststecken...wieder

Ich halte den Gedanken festzustecken nicht aus.
Feststecken in einem Mietvertrag.
Feststecken in einer Beziehung.
Feststecken in einem Job.
Feststecken im Schreiben dieses Gedichts.

Es erklärt womöglich warum
Ich nicht aufs Gymnasium ging.
Es erklärt womöglich warum
Ich mir tagelang, monatelang, nach einem One-Night-Stand den
Kopf zerbreche.
Es erklärt möglicherweise warum
Ich lieber über Menschen schreibe als mich mit ihnen zu
umgeben.
Ich mache mir lieber keinerlei Gedanken darum;
auf diese Weise wäre Ich sicherer.

Aber Ich mache mir Gedanken.
Ich mache mir über all die Arten des Feststeckens Gedanken.
Und aus diesem Grund stecke Ich weiter fest.

Ich stecke fest mit Ängsten.
Ich stecke fest mit Fehlern von früher.
Ich stecke fest damit mir zu erlauben über die Vergangenheit zu
lachen.
Ich stecke fest mit dem Versuch wieder zu lieben.
Ich stecke fest mit Schuldgefühlen.
Ich stecke fest mit mehr Schuldgefühlen.
Ich stecke fest mit dem Schreiben.
Ich stecke fest geduldig zu sein mit der Veröffentlichung.
Ich stecke fest mit der Angst dass es nicht geschehen wird.
Ich stecke fest mit der Angst dass es geschehen wird.
Ich stecke fest mich mit meinem Verstand auseinanderzusetzen.
Ich stecke fest mit den Dämonen die
sich von Zeit zu Zeit durchsetzen.
Ich stecke fest damit mich daran zu erinnern zu atmen.
Ich stecke fest damit festzustecken.

So sehr ein jeder auch
sein Schicksal steuern möchte, es ist für nichts.

Wir stecken fest mit der unvermeidlichen
Tugend dessen was uns das Leben reicht.
Es wird Tage des Glückes geben.
Es wird Tage harter Zeiten geben.
Es wird alles dazwischen geben.
Du wirst feststecken.
Ich werde feststecken.

Feststecken hat nichts mit Entscheidungen im Leben zu tun.
Das Leben ist ein grausamer Kreislauf aus Entscheidungen mit
denen wir feststecken.

Und genau wie jetzt,
genau wie in der Zukunft,
wenn unsere Zeit gekommen ist,
bleiben wir zurück mit dem Gefühl festzustecken.

Das Knurren eines Mannes

Ich knurre da Ich Angst habe.
Ich kämpfe denn ein kleiner Teil von mir hofft Ich verliere.
So wäre es einfacher, denn zumindest
hätte Ich so niemals erfahren was nach dem Erfolg kommt.
Wenn Ich verliere, ist es vorbei
und
Ich werde keine Schuld verspüren es nicht versucht zu haben.
doch dann wird mir bewusst Ich bin der Bär.
Ich bin nicht eingestimmt auf verschiedene Richtungen.
Nein, so einfach ist es nicht.
Ich bin ungestüm und meine Sehnsüchte sind hemmungslos.
Ich kann nicht anders als Ehrgeiz entwickeln.
Ich bin motiviert durch die kleinen Lichteinfälle aus Hoffnung.
Ich sehe jeden Gegner als eine Möglichkeit erneut zu kämpfen.
Und dieses Mal,
bin Ich bereit zu siegen.

Sei es die Flamme
oder ihr Schatten,
letztendlich,
kommt ein jeder in den Aschen an.

Verschwendete Zeit

Mache etwas Großartiges mit deiner Zeit.
Sitze nicht herum und spielen mit deinem Telefon
oder sehe dir unnötige Fernsehsendungen an.
Erschaffe eine Idee.
Lies.
Ja, lies irgendetwas.
Hol das Wörterbuch heraus und lies.
Lies die Straßennamen.
Ich sehe Menschen und sie tippen auf den Bildschirmen ihrer
Telefone herum.
Sie wischen mit genau der gleichen Bewegung
mit der man die Seiten eines Buches umschlägt.
Sie sind Marionetten, verwöhnt durch
die Erfinder der Ablenkung,
verschwendet.
So viel mehr könnte erreicht werden
wenn nur ein kleiner Prozentteil der Zeit besser genutzt werden
würde.
Was treibt diese Arschlöcher an?
Wirklich?
Candy Crush?
Jammern füllt außerdem die Leere.
Missgunst
Isolation
Eitelkeit
Regelmäßige Momente der Inspiration
werden rasch durch Angst gedämpft
dass es die Zeit nicht wert ist
oder es zu schwierig ist.
"Ich werde es niemals schaffen!"
Was ist nur aus dem Glauben geworden?
Was ist nur daraus geworden eine Chance zu ergreifen?
Ich bin mit den Wahnhaften unterwegs,
Besessen
Verrückt durch den Mangel an Substanz.
Denjenigen die verfickt nochmal fühlen!
Denjenigen denen nicht alles am Arsch vorbeigeht.
Denjenigen die ihre Zeit produktiv nutzen.
Denjenigen die dieses Gedicht nicht lesen brauchen.
Ich weiß nicht recht.

Vielleicht war auch das eine Zeitverschwendung?
Weißt du was...
Ich habe besseres zu tun.

Normale Schönheit

Die Schönheit nach der du suchst ist in -
Den Straßen auf denen du gehst.
Den Lächeln die du teilst.
Den Lächeln die du nicht erwartest.
Der Isolation der Gedanken.
Den Tränen die du vergossen hast.
Den Worten die du gelesen hast.
Den Zeiten die du gehasst hast.
Den Zeiten die du geliebt hast.
Der Abscheu die du lieber los wärst.
Dem Auto das du schlägst während du die Straße überquerst.
Dem Klang von Nichts.
Der Mitteilung die nötig war um den Tag ausklingen zu lassen.
Der Veränderung auf die du gewartet hast.
Den Tagen die nicht enden sollten.
Den Tagen die enden sollten.
Der Seltenheit Außergewöhnliches zu erleben.
Dem überwältigendem Reichtum normal zu sein.

Denn normal zu sein
ist wunderschön.

Lass meinen Verstand sprechen

Schreiben besteht nicht aus dem Zusammenstoß von Gedanken
und Erinnerung.
Wenn es derart einfach wäre,
würde jeder herumlaufen
mit Stift und Notizbuch in der Hand.

Den meisten Menschen ist es egal.
Sie nehmen diese Last lieber nicht auf sich.
Sie wagen es nicht in ihre Seele zu blicken.
Dies sind die Selbstgefälligen.
Ich beneide sie.

Mein Verstand ist zu verdammt stur.
Er rast, weil Ich es ihm erlaube.
Und dazwischen
Trinken
Ficken
und meine Gedanken an weitere belanglose Ausbrüche
verschwenden...
Ich schreibe

Wir sprechen miteinander
und genau wie alle anderen
wollen wir dass unsere Stimme gehört wird.
Ich werde so verdammt depressiv
wenn Ich keinen Moment mit meinem Verstand verbringe.

Aber manchmal halte Ich die Schnauze.
Andere Male hält mein Verstand die Schnauze.
Und wenn einer von uns beiden zuhört,
nimmt es meine Hand auf.

Mein Verstand spricht soeben.
Rufe mich daher nicht.
Ich mache Notizen.
Ich will nicht verpassen was mein Verstand zu sagen hat.

Ich fühle mich frei nachts um 2 Uhr,
wenn das Taxi über
die Queensboro Bridge fährt.
Ich lehne mich aus dem Fenster und brülle,
Ich schreie so laut.
Ich habe keine Angst,
Ich brauche das einfach.
Es ist die einzige Möglichkeit die Ich habe
bis nächsten Samstag.

Genug gesagt
Denke nicht,
fühle nur.

Ziehe Den Stift

Sie dachte Ich hätte die Oberhand,
dabei hatte sie diese.
Ich konnte nicht bei jemandem sein so großartig wie sie es war.
Das wäre höhnisch für mich.
Alles woran Ich mich erinnere ist die Länge ihrer Beine.
Ich denke noch immer an diese Beine.
Meine Hände dazwischen.
Und als sie meine Schulter fest zudrückte,
Mich warnte dass es zu viel war,
fürchtete Ich Ihr weh zu tun,
Aber das tat Ich nicht.
Sie wollte es.
Ich liebte es es Ihr zu geben.
Jeder Stoß schien besser als der davor.
Sie atmete so elegant.
Ihre Lungen waren so voll
Sie war so lebendig und Ich fühlte mich als rettete Ich sie.
Ich konnte diese Verantwortung nicht übernehmen.
Es ist viel Druck für einen Mann.
Ja, wir können so tun als sei es uns egal,
oder als ob du nur ein Stück wärst,
aber wenn wir wissen dass es richtig ist,
rennen wir,
wir wollen raus.
Die Seele ist eine tickende Handgranate.
Auch wenn wir unseren Partner den Stift halten lassen,
ist uns die drohende Gefahr bewusst.
Bevor uns also jemand herausfordert,
ziehen wir ab,
nehmen keine Notiz von der Ruhe des Moments,
ziehen ab,
um die Straßen zu durchstreifen wie Hyänen.
Brüllend, uns amüsierend.
Frauen verstehen es nicht.
Wir haben nicht die Macht.
Frauen haben sie.
Aber wir gestehen das nur ein.
Sobald wir sicher sind.
Der Stift wird nicht gezogen.

Hochragen

So niedrig
und
unten im Dreck
sodass selbst die Aussicht auf eine Leiter dich zum Weinen
bringen würde
denn das Loch
ist zu tief.
Es ist unmöglich herauszukommen.
Zeit
Geduld
Eine innere Stärke die aus dem beinahe Aufgeben entsteht.
Ich kann es nachvollziehen wenn Menschen sich so fühlen.
Ich bezweifle nach einem Handout zu fragen
hebt irgendjemandes Selbstvertrauen an.
Aber wer kann das schon behaupten?
Die Entwürdigung kann dich so erniedrigen.
Sie kann dir die letzten Häppchen Selbstwertgefühl
wegschnappen.
Aber halte fest.
Halte fest.
Niemals wieder wirst du dich derartig fühlen.
Besonders wenn du dich von den anderen nicht unterkriegen
lässt.
Stärke entsteht durch diejenigen die sich weigern aufzugeben,
und Selbstwert entsteht
durch diejenigen die Hoffnung haben
auf einen besseren Tag
auf einen helleren Tag
einen Tag an dem der Regen alles davon spült,
wenn das Springen alles ist was deine Beine tun,
wenn du so hoch ragst,
höher als du es für möglich geglaubt hattest
höher als ein Ort dessen Existenz du dir bewusst warst.
Es ist da,
es wartet auf dich.

Wir teilen das zugeteilte Kartendeck zu
Indem wir bluffen bis die Kosten gedeckt sind.

Ambivalente Lust und dann... Nichts

Ich dachte es war vorbei,
aber es geschah.
Es war seltsam es erneut durchzumachen.
Ich wachte auf
mit deinen Armen
so passend als wären sie dafür gemacht.

Ich fragte mich –
Hoffte Ich auf mehr?
Aber es war nichts vorhanden.
Es war genauso wie zuvor.
Es ist wirklich beschissen wenn das passiert.
Es gibt nichts was du tun kannst.
Ein verletzlicher Zustand der Vorahnung.
Fragen mischen sich in den Verstand ein.
Gedanken die sich aufgelöst hatten kehren wieder.
Gefühle werden unbeständig indem Romantik hinterfragt wird.
Dies scheint der allgemeine Verlauf der Dinge zu sein.
Ich könnte in jede Richtung gehen.
Es gibt eine kleine Öffnung.
Ich habe Angst davor fortzuschreiten.
Es mag sich richtig anfühlen, aber meine Vergangenheit hindert
mich.
Sie hindert mich daran fortzuschreiten

Als es an der Zeit war zu scheiden, sagten wir nichts.
Genau wie das letzte Mal.
Es war nichts.
Es würde nichts sein.
Es wird nichts sein.
Nun ja, es wird nichts sein...bis Ich dem Moment wieder einen
Versuch schenke.

Richtung Hartford

Der Bus hält an – fährt weiter – hält an – wartet.
Der Himmel färbt sich Blau, Grau und Schwarz.
Jeder versucht irgendwohin zu gelangen.
Zur Familie
Einer Freundin
Einem neuen Job
Einige machen sich einfach auf,
ohne einen Zielort im Sinn.
Nomaden
auf einer weiteren Reise,
einem weiteren Ort,
irgendwo nur nicht hier.

Kinderwägen

Der schlimmste Teil ein Dad in NYC zu sein?
Muss es sein einen Kinderwagen die U-Bahn-Treppe
hochzutragen.
Wenn Ich darüber nachdenke ein Vater zu sein,
denke Ich zuerst daran,
ihn herumzuschleppen durch Drehkreuze
während Passagiere dich ansehen und denken,
"Komm schon, Junge, nimm ein Taxi!"
"Was versuchst du hier zu beweisen?"
"Was? Glaubst du dass du ein guter Vater bist oder wie?"
"Ja, wirklich?"
Ich weiß nicht.
Es sieht lediglich so aus als schleppten sie einen Kinderwagen
herum.
Ich schätze Ich sollte nachsichtig mit ihnen sein,
denn das wird vorausgesetzt.

Die Worte die wir schreiben
neigen dazu besser zu sein
als die die wir sprechen.

Die meisten Schritte werden unausgeglichen sein

Die Straße kann glatt erscheinen
selbst wenn es draußen trocken ist.
Manchmal sind Wegbeschreibungen nicht so deutlich
wie wir sie gerne hätten.
Aber
wir gehen weiter.
Ja – nun ja, wir sollten weitergehen,
egal wie oft wir hinfallen.
Abgesehen von all den Fehlern, Misserfolgen und Missgeschicken
sollten wir lieber – nein müssen wir – weitergehen.

Sobald wir den Erfolg gefunden haben,
denken wir nicht mehr ans Ausrutschen,
aber wir werden:
um jeder Ecke des Erfolgs
erwartet uns eine Straße.
Sie ist voller Leid und Verzweiflung.

Kein Wunder.
Ich habe schon zu viele Männer gesehen
die auf eine freie Straße warteten.
Eine fabrizierte glatte Straße vor ihnen liegend,
warten sie bis sie frei scheint.
Der behutsame Verstand ist wahnsinnig.

Es ist ein trauriger Tag
wenn jemand anhält.
Am Ende wird er sich wünschen weitergegangen zu sein.
Es ist eine verdammte Schande.
Er kann nur sich selbst die Schuld geben,
aber er wird den Straßen für immer die Schuld geben.

Australisches Mädchen und Frank

Dieses australische Mädchen schwänzelte um Frank herum.
Sein Aussehen war genug für sie.
Ich erinnere mich als mein Aussehen genug war.
Die Haare verblassen,
der Bauch etwas rundlicher,
Sport treiben ist nicht länger nur ein Hobby.
Es ist zur Notwendigkeit geworden,
Eine Art Erscheinungsbilder zu wahren.
Ansonsten würden sie rasant dahinschwinden,
wie sie dies bereits tun ab dem 28. Lebensjahr.
Vielleicht ist es nur ein Moment der Feindseligkeit.
Solche kommen vor.
Aber morgen gehe Ich ins Fitnessstudio.
Oder, drauf geschissen:
Vielleicht werde Ich einfach nur schreiben.
Frank macht das überhaupt nicht.

Reiß dich zusammen

Verordnet durch Einsamkeit,
geht es darum Wege zu finden nicht alleine zu sein.
Wir streben danach in einer Gemeinschaft zu sein.
Die Liebe selbst wird als Sicherheit genutzt,
Eine Art zu bestätigen dass wir nicht alleine sind.
Aber wir sind alleine – selbst wenn wir umgeben sind.
Das ist etwas was wir nicht ändern können,
genau wie Steinchen in einem Bach
oder Grashalme einer Weide.
Jede Komponente ist alleine.
Wunderschön segmentiert.
Wir sollten nicht versuchen etwas anderes
als
wir selbst zu sein.

Nur die Wilden unter uns
sind mutig genug
es mit der
Unermesslichkeit von allem aufzunehmen.

Ein Strom aus Bewusstsein sollte bisweilen trocken sein

Der Sonnenaufgang an diesem Morgen war der purste bisher.
Es hätte nichts als Herrlichkeit heute herrschen sollen.
Letzte Nacht war perfekt – sie war perfekt.
Perfekt.

Ich war fehlerbehaftet.
Ich war genauso fehlerbehaftet wie immer.
Und sie hörte zu
während Ich auf der Bar rumklopfte.
Ich hatte einen Durchbruch.
Mir war unbehaglich.
Nicht weil mir unbehaglich sein wollte,
sondern weil sie verstand wie unbehaglich
mir war, wegen meiner Arbeit... über sie.

Klopf
Klopf
Klopf
Das Gemurmel formte sich um in Worte des Unsinns.
Meine Unzulänglichkeiten und Visionen von morgen
vermischt mit der Erwartung von Ihr,
aus allem was großartig hätte sein können,
mit dem Ich jedoch nicht umzugehen wusste.

Wir beendeten es an einer guten Stelle.
Wir beendeten es zusammen.
Wir beendeten es an einer guten Stelle.
"Wir."
Es ist schön das zu sagen.
Es scheint schwieriger und schwieriger das zu sagen.
Zusammensein passiert nicht oft genug.
Wenn es passiert kann es kompliziert sein damit umzugehen.

Ich wünschte Ich hätte es in eine Flasche geben können,
eine Zeitkapsel aus Reinheit,
eine Umleitung aus dem Gemisch aus Verunsicherungen.
Das dachte Ich damals.
Danach suchte Ich.
Danach suchen wir alle.

Aber zurück bei Ihr zu Hause,
war die Anspannung groß,
Die Verwirrung zermürbend.
Es hatte alles mit allem und nichts zu tun.
Es hielt sich bereits in meinem Kopf auf.

Ich wollte nicht damit umgehen.
Ich wollte flüchten.
Ich wollte nicht dort sein.
Ich wollte es nicht vermasseln.
Wollte Ich nicht.
Nein, Ich hoffe sie weiß es, Ich wollte das niemals vermasseln.

Dies ist etwas das nur ein Träumer erfahren kann.
Bestimmt für die Schönheit des Friedens,
kann der Verstand endlich schlafen,
ohne den Druck der Welt,
aus vergangenen Erfahrungen,
aus Einflüssen,
aus allem an sich.

Die Flut der Selbstzweifel ist ein tödliches Biest.
Es kann stechen.
Es kann die Schönheit des Lebens ruinieren.
Es kann missverstanden werden.
Das kann es.
Kann es tatsächlich.

Am nächsten Morgen war es deutlich erkennbar.
Es gab Missgeschicke.
Ich bedauerte.
Und das traurige ist dass dies nicht nötig war.
Der verdammte Drink.
Wir überstürzten es und es war verwirrend.

Ich hatte die Schönheit von allem ruiniert.
Der Fleck hatte etwas Denkwürdigeres hinterlassen.
Was niemals hätte vergessen werden sollen
machte als erstes den Abgang.

Das ist die Traurigkeit der meisten Dinge.
Das ist das Problem mit allem.
Es läuft alles auf die Dinge hinaus
an die man sich nicht erinnern sollte.
Die Momente in denen wir unsere Hemmungen verlieren.
Die Zeiten die wir nicht den
Opfern unseres Handels widmen sollten.
Aber das sind die Zeiten an die wir uns am stärksten erinnern.
Nicht weil wir das wollen,
sondern weil sie uns am meisten beeinflussen.

Also verweilen wir.
Wir wundern uns.
Wir bedauern.
Wir hoffen.
Wir wünschen.
Wir wollen.
Wir begehren.
Wir ... nun ja, wir sitzen einfach.
Wir sitzen und denken.

Und fragen uns ob sich die Dinge ändern können.
Ob Hoffnung etwas Klügeres ist als Fantasie.
Vielleicht kehren die Dinge in das Licht zurück,
dort wo wir daran glauben können dass die Wahrheit
uns tatsächlich entfesselt.

Dass die Befangenheit aus Fehlern uns nach vorne bringt.
Menschen werden uns erkennen als die Person die wir sind,
und nicht aufgrund der Fehler die wir begangen haben.
Sie werden uns in einem puren Moment erkennen, und nicht in
einem
der von den Dingen die wir sagten oder taten beeinflusst wurde.

Sich selbst zu kennen ist die größte Herausforderung.
Es ist etwas das wir bestrebt sind zu finden,
aber es dauert für immer es herauszufinden.
Das tut es, oder?

Und das ist in Ordnung,
denn wir sind nicht einfach.
Wir sind komplex.
Alles wird gestutzt durch die Existenz
einer Sache die dem vorangeht.
Die Vergangenheit ist eine Bestie die uns in Zeiten der Hoffnung
beißt.
Es ist die Zeit die unsere Fähigkeiten begrenzt
und unseren Fortschritt stoppt.
Es ist zermürbend – tatsächlich – jeder Teil davon.

Aber Ich wünschte Ich könnte mit Ihr zusammen sein.
Das Zusammenspiel,
die Zeiten des Trostes,
es war alles da,
aber nicht erkennbar:
Es war verschwommen.
Vielleicht wird es sich niemals lichten.

Ich kenne den Blick eines schwachen Rehkitzes,
das an der Erwartung aus etwas mit Bestand zehrt.
Selbst wenn sie völlig verängstigt ist.
Selbst wenn sie sich selbst nicht glauben
lassen will, dass es möglich ist.
Selbst wenn der vorherige Schaden sichtbar ist.
Selbst wenn...

Ich schätze das ist die Grundlage für all das -
Das "wenn"
Die Chance
Die Möglichkeit
Und dann wird mir bewusst dass es Möglichkeiten gibt.

Ich glaube daran,
Ich will es sehr
Ich kann es schaffen.
Das ist alles was zählt.

Es entsteht alles durch die brennende Flut
aus Kohle die im Inneren lodert.
Sie ist da,
Sie ist stets da,
und sie wird aufflackern,
sie wird brennen,
und es liegt an uns sie hinein zu lassen.
Selbst wenn das Frösteln nachzulassen scheint,
müssen wir an die Flamme glauben.

Ich beobachte sie.
Ich hoffe sie tut es ebenso
Ich hoffe es...
Aber selbst wenn sie es nicht tut,
fühle Ich mich glücklich mit dem Wissen es könnte Funken.
Es ist kalt in meinem Bauch.
Ich wünschte das Feuer könnte wider lodern.
Wenn sie es eventuell auf meine Art sehen kann,
wird es wieder lodern.

Hoffnung ist alles was wir haben.
Es ist eine Karte für den Karneval, man.
Es ist üblicherweise ein schlechtes Geschäft,
aber hin und wieder,
wenn du es am wenigsten erwartest,
stellt es sich als die beste Erfahrung deines Lebens heraus.

Dies sind die Zeiten an die Ich denke.
Die Momente der Hoffnung.
Die Momente aus subtiler Angst durchtränkt von Reinheit.
Daran denke Ich.
Ich hoffe lediglich.
Ich hoffe.
Ich hoffe auch sie kann es eines Tages tun.

Sie hat alle Fähigkeiten.
Ich habe alle Möglichkeiten es zu vermasseln.
Ich weigere mich dieses Mal.
Ich weigere mich tatsächlich.
Nein, dieses Mal werde Ich es versuchen.
Dieses Mal werde Ich es lodern lassen.
Dieses Mal glaube Ich daran.
Dieses Mal.
Mit ihr.
Ihr.
Nur
Ihr.

Der Kampf ist nicht echt

Jeder möchte mitfühlen.
Jeder muss eine Geschichte haben.
Etwas um den Wert ihrer Leben zu bestätigen.
Ohne dies, scheint ihr Erfolg nicht verdient zu sein.
Es ist lediglich eine Erwartung,
und nicht wofür sie gearbeitet haben.

Kaffeepausen

Ich bin lieber wahnhaft als verachtet zu werden.
Alles ist vorübergehend –
selbst dieser Kaffee ist bald zu Ende –
das Subway Sandwich –
das I Love NY T-Shirt...
Eingepackt durch Ablenkung –
Apps erstellend um uns abzulenken.
Fortschritt wird unterbrochen durch die Unfähigkeit
mit der wir uns selbst ablenken.
In Fremde starrend.
Ratend.
Mehr in ihnen sehen wollen als in uns.
Annehmend bei ihnen sei mehr los als bei uns.
Verängstigt wir könnten unserem Potenzial nicht nachkommen.
Nippe.
Gebe etwas mehr Zucker hinzu.
Kehre zur Realität zurück, genau wie alle anderen.

Ganz gleich ob du gewinnst oder verlierst,
ein Teil von dir wird ausgelöscht.

Ein wunderschöner Pastetenteig

Ein Sieger des Aussehens,
eine starke Kieferpartie und ein Waschbrettbauch.
Ein Opfer der Eitelkeit.
Mollig, kinnlos mit einem Kranz um die Mitte.
Es gibt nichts Schlimmeres als gut auszusehen,
was zur Hölle das auch immer bedeutet.
Menschen verlassen sich darauf.
Manche plädieren darauf.
Es ist ein verzweifelter, unglücklicher Anblick,

eine Krücke die mit der Zeit zerbröselt,
Verleugnung die
sich bis ins Grab vermehrt.
Wir suchen ernsthaft nach Wegen mit
der Eitelkeit der Vergangenheit fortzufahren.
Wir sind eingeschlossen in einen anhaltenden Kampf
den Reiz aufzupolieren bestehend aus...
nichts.

Ein Leben basierend auf Subjektivität.
Eine Meinung zu Erscheinungen.
Ein Kompromiss.
Ein Missverständnis.
Ein Makel.

Wir sind beeindruckt durch diejenigen die sich
niedergeschlagener fühlen
als die grauenhaftesten Gesichter da draußen.
Wir sind umgeben
von Ablenkung,
von schwachen Geistern
und von leeren Seelen.
Verloren Seelen.
Wollenden Seelen.
Etwas wollend, sich nach irgendetwas sehnend.
Wünschend sie hätten etwas zu bieten
Abgesehen von einem hübschen Gesicht,
sauber, rein und ohne Narben.
Nur Leere

beruhend auf einer faden Geschichte.
Eine Pastete die Füllung braucht.
Geschmacklos braucht sie nur ein wenig mehr.

Ich trage die Schande

Auf unsere Weise kommen wir aus.
Wir werden alle damit fertig,
ein zurückbleibendes Gefühl der Enttäuschung
wie ein Rankenfüßer auf einem Fels im Meer.
Wir vergessen es.
Unsere Fassade verändert sich dadurch,
die unausgesprochene Schande der Vergangenheit,
das Bedauern dieser,
die Bewunderung für diejenigen die
die es ebenso durchmachten.

Es könnte wieder passieren.

Es kann sein dass du die Gesichter der Zweifel sehen wirst.
Es kann sein dass du deines am Morgen ansehen musst.
Das ist das schlimmste daran,
sich Gedanken machen.
Wir tragen alle die Schande der Vergangenheit.
Wie wirst du sie verschleiern?

Freiheit

Der Rotfuchs rennt

Es gibt einen Rotfuchs der mir folgt.
Niemand sonst kann ihn sehen.
Ich rede nicht sehr viel über den Fuchs.
Ich nehme an, wenn Ich dies täte, würden mich andere als wild
bezeichnen.
Aber der Rotfuchs beobachtet mich.
Selbst an den verschneitesten Tagen
kann Ich sein rotes Fell durch
die stürzenden Flocken der Herrlichkeit sehen.

Wir stehen uns nie Auge in Auge gegenüber.
Er knurrt mich an von Zeit zu Zeit,
besonders dann wenn er meine Verletzlichkeit erkennt.
Er denkt wahrscheinlich Ich werde aufgeben.
Er denkt wahrscheinlich Ich werde ihn vergessen.
Aber Ich erlaube mir niemals zu tief zu sinken.
Nein, täte Ich das,
könnte der Rotfuchs abziehen.
Ich kann dies nicht zulassen:
er muss mich bewachen.

Manchmal versuche Ich Ihn zu überwältigen,
aber so flink wie sein Schweif peitscht bei der leichtesten
Berührung,
rennt er los.
Er macht dies absichtlich.
Er erlaubt mir nur ein vorübergehendes Zugreifen,
Ein flüchtiger Blick auf perfekte Reinheit.

Ich sehe mich selbst wenn der Rotfuchs rennt
Er jagt mich weiter.
Ich weiß Ich werde Ihn eines Tages fangen.

Die Liebe ist ein wunderschöner Fehler.

Foto: Ryan Marcus

Der Autor

Joseph Adam Lee schreibt wie ein Mann mit dem
Rücken zur Wand. Ein Franco-Amerikaner aus der
Arbeiterstadt Lewiston, Maine, trägt er die Narben
der Arbeiterklasse in jede Zeile.
Jetzt, im Herzen von New York City, trinkt er,
schreibt er, blutet er – denn kein Torwächter hat
ihm je die Erlaubnis erteilt.

Kontaktinformationen

E-Mail: joe@therebelwithin.com
Webseite: www.josephadamlee.com
Instagram: @joseph.adam.lee

Briefe & Pakete

Red Fox Runs Press
z. Hd. Joseph Adam Lee
909 3rd Avenue
#127
New York, New York 10150
United States of America
New York, New York 10150

www.ingramcontent.com/pod-product-compliance
Lightning Source LLC
Chambersburg PA
CBHW051722040426
42447CB00008B/926